SUMARIO

vientosur Número 195/Diciembre 2024

LA CUESTIÓN PALESTINA Y EL MARXISMO

JOSEPH DAHER

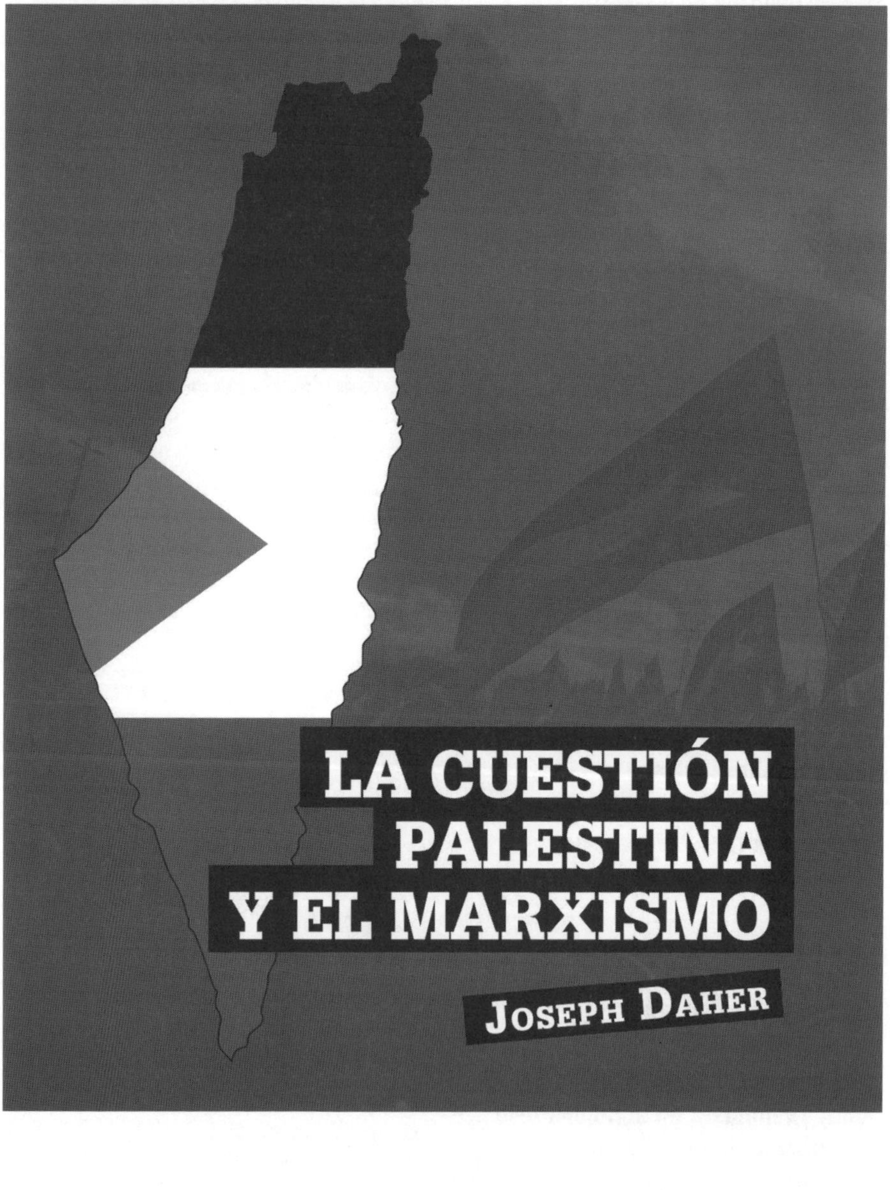

AL VUELO

■ En *El surgimiento del espacio social: Rimbaud y la comuna de París,* Kristin Ross nos mostraba como el "je est un autre" (yo soy otro) de Rimbaud, no respondía tanto al juego contemplativo de la metáfora y la representación poética como a la producción y puesta en acto de las voces colectivas de obreros díscolos, putas insumisas, ladrones y vagos mentirosos, vagabundos y *hordas bárbaras* en plena expansión colonial francesa; su *poiesis* daba expresión a la experiencia del nuevo cuerpo colectivo que reaccionará en las *comunas* de la metrópoli y de ultramar al espacio social e histórico que abre la *modernización* capitalista.

Por esta razón, la erótica del cuerpo, los vicios y las afecciones descentradas que atraviesan los versos del poeta, según K. Ross, no pueden ser reducidas a la tormenta en el vaso de agua sentimental del "artista creador", sino que actúan retrospectivamente contra el hombre que se alistó a un Ejército colonial, contra el traficante de esclavos y armas; sus versos refractaron la posibilidad de producción de un nuevo cuerpo social, la visión de un cuerpo político heterogéneo y descentrado que se revelará indomable frente al nuevo escenario histórico y social de explotación colonial y opresión capitalista que se abría...

Más de un siglo después, sigue el negocio de exportar civilización y humanismo a base de guerras coloniales, explotación capitalista y patriarcal, guerra a la naturaleza y extinciones masivas, necropolítica fronteriza y *humanidad sobrante,* genocidios y campos de concentración a cielo abierto. Más de un siglo después, decíamos, "je est un autre" puede seguir siendo un buen principio y divisa, brújula que apunta al sur y nos puede ayudar a elaborar aquí y allí los interrogantes prácticos que cualquier política del y la oprimida necesita para empezar a caminar.

"¿Cómo enfrentar de manera más efectiva las diversas opresiones que el capitalismo le impone a nuestras vidas?", se preguntan **Carolina Meloni González** y **Mario Espinoza Pino** en la presentación de este **Plural**: "Marxismo, feminismo y decolonialidad: un cruce de luchas y perspectivas". "¿Cómo pensar la interseccionalidad de manera práctica, antagónica y situada? ¿Qué subjetividades o qué figura subjetiva podemos imaginar a partir de la diversidad que recorre nuestra época? ¿Cómo subvertir las líneas de fuerza coloniales y eurocéntricas que atraviesan las tradiciones emancipatorias en el norte y el sur? ¿Cómo viabilizar un proyecto anticapitalista a partir de estas encrucijadas?".

Para intentar responder y reflexionar sobre todo ello desde diferentes perspectivas, experiencias y geografías del Norte y el Sur global, contamos con las colaboraciones de **Salma Am(a)zian**, **Helios F. Garcés**, **Sandro Mezzadra**, **Sayak Valencia**, **Luci Cavallero** y **Verónica Gago**, **Paula Serna** e **Ira Hybris** y **Jasbir K. Puar**.

En el **Plural 2**, "Desencantados del progreso, bienvenidos al Colapsoceno", **Matías Escalera Cordero** analiza, a partir de dos libros de Andoni Alonso e Iñaki Arzoz, el papel de las distopías como instrumentos de control ideológico que transforman el desasosiego por el futuro en entretenimiento anestesiante, sirviendo a los intereses del capitalismo tecnológico.

El primer artículo de **El desorden global**, está dedicado a la inmigración. **Juanjo Álvarez** nos describe el giro a la derecha de la UE, el aumento del proteccionismo y la militarización de fronteras, la política verde europea, ligada al neocolonialismo y cómo todo ello intensifica el racismo estructural y la explotación de países periféricos. Las respuestas desde la izquierda deben incluir vías legales y seguras para la migración, regularización de personas migrantes y el fin del neocolonialismo, destacando la importancia de construir un discurso político que respete la autonomía de las personas migrantes y su identidad.

En el segundo artículo, "Tiempos de lucha y liberación cultural", el historiador israelí **Ilan Pappé** conversa con el recientemente fallecido escritor libanés **Elias Khoury**, abordando diversos temas de la vida cultural y política, desde la guerra civil libanesa hasta la naturaleza de la historia, la resistencia y la Nakba permanente del pueblo palestino: "la Nakba no es un recuerdo. Es el presente, y la memoria procede del presente".

En **Futuro anterior**, nos aproximamos a la vida y pensamiento de Amílcar Cabral en el centenario de su nacimiento. **Balasingham Skanthakumar** nos ofrece un retrato del pensador revolucionario e internacionalista: "Anticolonialista y antiimperialista, militante de partido y estratega de la guerra de guerrillas, diplomático y publicista, entre los marxistas más originales del siglo XX".

En **Aquí y ahora**, nos adentramos en la Dana y sus efectos, **Joana Bregolat**, combina un análisis de fondo sobre las causas estructurales del desastre y una llamada urgente a romper con el capitalismo fósil para construir un modelo de vida sostenible y solidario, en el que las comunidades tengan un papel central en la planificación y respuesta a la crisis ecológica.

En la sección **Miradas** encontramos "Fotografía analógica para un proyecto comunitario" donde Mariña Testas nos acerca al proyecto de difusión de fotografía analógica **Contado Pierde**: "Esta iniciativa surgió como una herramienta pedagógica para fomentar la concienciación y el conocimiento sobre el funcionamiento de una cámara en un momento en donde la fotografía digital con teléfonos móviles empezaba a extenderse".

En **Voces**, "La disección de las horas" de **Jessica Belda** constituye un auténtico "manifiesto poético contra el trabajo" como señala Alberto García Teresa, quién nos presenta una selección de este excelente poemario donde "la alienación, la deshumanización, la obediencia, la apatía y la frustración irrumpen con un lenguaje violento y cuerpos dañados, a través de imágenes descoyuntadas o delirantes".

Por último, en la sección de **Subrayados**, como siempre podemos disfrutar de las reseñas de nuestros colaboradores y colaboradoras sobre las novedades editoriales y de otros libros de interés. **M. C.**

Escenario: Cierre de fronteras y masificación de las llegadas

Juanjo Álvarez

■ Existe una tensión constante que reaparece en la historia mostrándose de diversas formas; esta tensión es la que se produce entre los pueblos que habitan territorios en los que se accede a unas condiciones materiales más favorables y aquellos que se ven encerrados en territorios más pobres o con mayores niveles de conflicto. Desde esta descripción, que es voluntariamente amplia, lo primero que se observa es que se trata de una forma de conflicto social que está atravesada por las dos formas principales de agrupación social, el pueblo y la clase. Sin embargo, cuando hablamos de migraciones, la primera de esas dimensiones pasa a un segundo lugar, y es la lucha por acceder a territorios ricos lo que prima: por lo tanto, se trata de un conflicto determinado fundamentalmente por la clase. Así, el análisis que trataremos de realizar partirá desde esta comprensión de la migración como una forma de expresión de la lucha de clases.

El análisis que trataremos de realizar partirá desde esta comprensión de la migración como una forma de expresión de la lucha de clases

En un periodo como el que vivimos, de reajuste de los equilibrios internacionales, esta lucha de clases está provocando que millones de personas, excluidas de los circuitos económicos de creación de valor, traten de acceder a aquellos territorios en los que se controla el grueso de la actividad económica mundial y se accede a condiciones económicas favorables.

En Europa, la respuesta ha ido oscilando entre una visión de acogida limitada y otra de franca expulsión de cualquier migrante. Por supuesto, esto no quiere decir que en ningún momento haya habido una voluntad de acogida real ni de sensibilidad ante la situación de las personas que se enfrentaban a un conflicto: incluso en los años en los que algunos países centrales del capitalismo europeo, particularmente Alemania, presionaban para que se pusieran en marcha políticas de acogida ante la crisis de personas refugiadas procedentes de la guerra siria, el número de rechazos y la actuación de fuerzas como Frontex eran brutales. No obstante, sería absurdo ignorar que hubo un número alto de personas que pudo acceder al espacio Schengen y que el relato político estuvo, al menos parcialmente, impregnado de un discurso de solidaridad y apertura. El equilibrio entre estos elementos y las posturas abiertamente xenófobas de cierre de fronteras que están en marcha en la actualidad es uno de los elementos clave del análisis y suele ser interpretado en clave numérica, es decir, como una respuesta al crecimiento de las llegadas y una supuesta situación de saturación de los países receptores.

Sin embargo, si echamos la vista atrás, podemos observar que no es un momento de movimientos masivos, al menos en términos históricos. Saskia Sassen **1/** explica que, durante siglos, los movimientos de población estacionales eran una pauta común en la Europa central y del norte, siguiendo los flujos de las cosechas que daban trabajo a buena parte de los habitantes del continente. En África, de manera similar, muchas poblaciones han tenido este comportamiento durante siglos: la etnia fula, por ejemplo, ha vivido tradicionalmente desplazándose con el ganado por África occidental, sin que para ello repararan en frontera alguna; no sólo las fronteras formales que los colonos europeos establecieron a principios del XIX, tampoco los límites tradicionales entre los territorios de otras etnias. Aunque no podemos tener cifras, lo cierto es que estos movimientos eran consuetudinarios y podían provocar conflictos de distinto orden, como de hecho se han atestiguado, pero eran parte de la normalidad para buena parte del mundo.

En Europa Occidental se ha convertido en un lugar común la preocupación por el número supuestamente altísimo de personas extranjeras que acceden a su territorio. Sin embargo, según los datos de la Comisión Europea **2/**, en 2021 llegaron a la UE 2,25 millones de personas, mientras que emigraron 1,12, de forma que el saldo neto es de 1,14 millones. En lo que se refiere a la formula del asilo, que a veces se entiende como el procedimiento más facilitador y, por lo tanto, el más masivo, cerca de un millón de personas pidieron protección internacional en 2022. Son sólo dos datos de los muchos que se pueden encontrar en los sitios web de la UE, de entre los cuales quizá el más significativo, en tanto que es el dato más global, es el del total de personas extranjeras que viven en la UE, que asciende a 23,8 millones, es decir: el acumulado de personas extranjeras es de poco más del 5% del total de la población europea; y si sumamos aquellas que ya han obtenido la nacionalidad aunque nacieran fuera de la Unión, el porcentaje apenas sube tres puntos, hasta el 8,5%. No son números muy altos para una superpotencia económica y política. Menos aún si observamos las nacionalidades de origen. Y aquí merece la pena traer el cuadro tal y como se publica en la citada web de la Comisión:

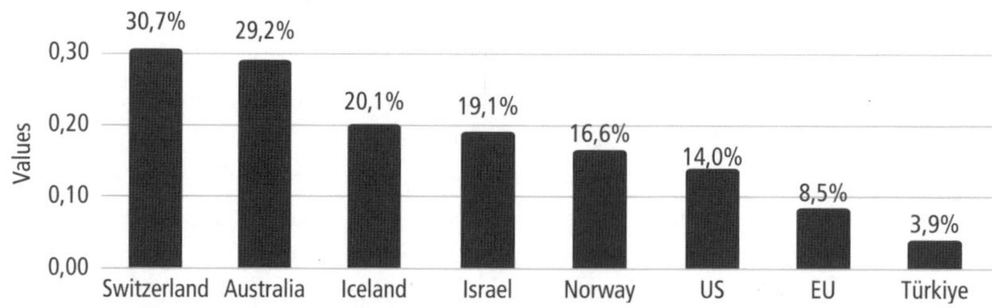

Fuente: Comisión Europea

1/ Sassen, Saskia. *Inmigrantes y ciudadanos.* Madrid: Siglo XXI, 2013.

2/ Estadísticas sobre la migración a Europa. Disponible en https://commission.europa.eu/strategy-and-policy/priorities-2019-2024/promoting-our-european-way-life/statistics-migration-europe_es [fecha de consulta 08-0802024]

A la vista de este gráfico, queda claro que la amplia mayoría de personas extranjeras residentes en la UE no son migrantes económicas o refugiadas, sino personas de otros países en primera línea del desarrollo económico, de los que podemos suponer que no migran para huir ni están buscándose la vida ante una situación penosa, sino que responden al flujo comercial y social habitual entre países de una esfera similar en el orden económico internacional y para las que, por lo tanto, no es esperable que tengan necesidades muy diferentes ni tampoco más intensivas que los propios nacionales.

¿Cuál es entonces la clave de esta preocupación tan reiterada que por momentos llega a monopolizar el debate político en Europa? Actualmente, los partidos de ultraderecha prosperan en toda Europa: el Fidesz de Orban y los Fratelli d'Italia de Meloni, a cargo del gobierno de sus respectivos países, son sólo la punta de lanza de una oleada que recorre toda Europa, con partidos que obtienen un respaldo electoral significativo y tienen algún poder institucional en casi todos los países de la UE. Estos movimientos de ultraderecha han encontrado un eje de politización excluyente en la identidad nacional, y ese eje encuentra en el tema de la migración su nudo gordiano, puesto que es el tema que permite politizar en torno al nosotros/ellos nacional y, por lo tanto, pasa por encima de la estructura de clase que parte las sociedades no sólo en la dimensión interna, sino también nacional.

Así, aprovechando elementos comunicativos muy visibles como las llegadas marítimas, los saltos de valla o los costes de acogida, la derecha pone el foco en las y los migrantes y desplaza los efectos de la estructura de clases. Un ejemplo claro es el gasto dedicado a la recepción de migrantes, que la derecha ha situado como uno de los agravios sistemáticos hacia los nacionales, y así podemos ver como el 6 de abril de este mismo año, las portadas de los medios nacionales abrían con la noticia de que el Ministerio de Inclusión, Seguridad Social y Migraciones había dedicado 50 millones de euros para las llegadas de migrantes en Canarias **3/**. La cifra y el titular son auténtico combustible para las derechas patrias pese a que, en realidad, el esfuerzo presupuestario es irrelevante para un Estado que este mismo año ha prorrogado unos presupuestos de 2.197,36 millones de euros en este apartado y que gastará más de 12.000 millones en presupuesto militar.

El giro reaccionario y su énfasis en la política migratoria tiene reflejo en todo el arco político

El giro reaccionario y su énfasis en la política migratoria tiene reflejo en todo el arco político: siguiendo con ejemplos del Estado español, el ministro del Interior del gobierno que se autodenominaba *el más progresista de la historia* presumía reiteradamente de haber incrementado el ritmo de deportaciones **4/**. Obviamente, estas posiciones, que no se corresponden con una

3/ https://elpais.com/espana/2024-04-06/migraciones-inyecta-casi-50-millones-para-aliviar-el-colapso-de-la-acogida-de-refugiados.html

4/ https://elpais.com/espana/2020-06-14/espana-acelera-el-ritmo-de-expulsiones-de-inmigrantes.html

situación objetiva de desborde de los fenómenos migratorios, sólo encuentran explicación en la política identitaria que, en tiempos de turbulencia, ha sido el recurso histórico de los sectores reaccionarios, y esas políticas identitarias encuentran suelo fértil en el racismo, institucional y social que permea nuestras sociedades. Que un momento u otro este racismo tenga distinto peso político no depende sino de coyunturas, pero la base cultural del racismo es estable.

Capital y racismo

En este punto, es importante retomar lo que plantea Nancy Fraser en *Capitalismo caníbal,* donde identifica dos grandes formas de apropiación de valor por parte del capital, la explotación y la expropiación, y traza una línea de lectura de la historia según la cual la expropiación masiva no estaría limitada, como a veces se piensa desde el marxismo tradicional, a la acumulación primitiva, sino que sería un fenómeno permanente y, por así decirlo, consustancial al capital **5/**. Así, la expropiación funcionaría como complemento constante de la explotación y sería una forma tan presente como ella, pese a que la izquierda tradicional y, particularmente el marxismo, se han focalizado en la explotación como elemento central de la acumulación capitalista. La autora norteamericana añade además dos puntos de importancia: el primero, que la expropiación no se reduce a la fórmula de la acumulación primitiva, sino que acompaña al imperialismo capitalista en cada fase de desarrollo; el segundo, que tiene un impacto de clase específico. Siguiendo a Fraser, la expropiación es la fórmula de obtener los medios de producción, pero también es imprescindible para dejar a las clases populares fuera de la capacidad de obtener sus propios medios de vida, obligándoles a competir por el trabajo. En palabras de la propia autora, cuando un sector ha sido expropiado de sus medios de vida, tendrá suerte si después puede al menos ser explotado en el mercado de trabajo.

Cuando un sector ha sido expropiado de sus medios de vida, tendrá suerte si después puede al menos ser explotado en el mercado de trabajo

Este análisis tiene una ventaja para explicar la situación actual y el carácter colonialista de las políticas actuales, y es que no se limita a afirmar la existencia del racismo o a denunciarlo, sino que explica porqué es necesario para el sistema de explotación. Si seguimos sus posiciones, es fácil ver cómo el capital fía su crecimiento, por una parte, a la explotación del trabajo asalariado y, por otra, a la captación de materias primas, sin asumir los costes económicos, ecológicos y sociales que implica esa captación **6/**. Para

5/ La propia Fraser matiza esta aportación al reconocer que algunas líneas de análisis marxista ya habían ampliado la idea de acumulación primitiva y apuntaban a la expropiación como una forma de extracción de valor regular y reiterada, comenzando por Rosa Luxemburg.

6/ En la generación de valor tienen también un papel central los trabajos reproductivos, aunque en este texto nos centremos en otras cuestiones.

hacerlo, tenemos que ser conscientes de que la apropiación ha ido mutando con la historia pero ha mantenido su propósito de extraer las materias necesarias para sostener el crecimiento capitalista. Ya no quedan, desde hace aproximadamente medio siglo, colonias que se conformen expresamente como tales, pero su disolución fue sustituida por organismos que daban cuerpo a la explotación económica, como fueron la Commonwealth en las antiguas colonias británicas o los diversos acuerdos de Francia con los países del África francófona. Hoy en día, estas relaciones perviven gracias a la aparición de la Unión Europea como entidad supranacional y la consolidación de las instituciones internacionales como el Fondo Monetario Internacional, el Banco Mundial, la Organización Mundial del Comercio o el Banco Africano de Desarrollo.

Todo este entramado sirve para crear relaciones de dependencia que permitan a los países centrales del capitalismo obtener lo que necesitan. En la mayor parte de los casos, no se trata de expropiaciones como las que se produjeron en los momentos iniciales del capitalismo, sino que están reguladas por diversos sistemas jurídicos y generan pagos para los países de los que se extraen las materias **7/**; sin embargo, estos pagos no compensan en ningún caso el coste de los bienes que se enajenan y, en la mayor parte de los casos, tampoco revierten a la población.

Como Rendueles ha explicado con bastante detalle **8/**, no debemos tomar como comunes todos aquellos bienes que corresponden al conjunto social, pero en lo que afecta a nuestro análisis, los efectos son similares: desprovistos de las riquezas con las que podrían haber obtenido sus medios de vida, las poblaciones de los territorios expoliados se ven obligadas a competir por un trabajo en el que sean explotadas, pero que, al menos, les dé un salario. Y, puesto que el empleo se genera en otras partes del mundo, pasan a ser vidas prescindibles para el capital, lo que les obliga a huir. Conviene entonces reiterar que las migraciones masivas no son sino una forma de la lucha de clases.

Europa, entre el progresismo verde y la deriva belicista

Todo esto se produce en un marco de reorganización del sistema económico y político mundial al que, con la guerra de Ucrania, el crecimiento de China y los conflictos bélicos extendidos por todo el mundo, se le ven las costuras. El pulso entre China y Estados Unidos, que lleva años latente, toma cuerpo de forma cada vez más cruda con la posición de China en apoyo de Rusia y la presencia creciente de ambas potencias en África, tanto a nivel comercial y de inversiones como a nivel militar. Así, el mapa de las relaciones mundiales se complejiza y deja a la vieja Europa como el primo pobre de las potencias internacionales, acorralada entre un EE UU declinante y una China emergente.

7/ Es decir, no se producen como la expropiación descarnada propia de los inicios del capitalismo, sino que adoptan formas de contratos, convenios, etc., que dan apariencia formal de intercambio negociado, aunque las compensaciones derivadas no sean, en ningún caso, equivalentes al valor extraído.

8/ Rendueles, César: *Comontopías: comunes, postcapitalismo y transición ecosocial.* Madrid: Akal, 2024.

En lo político, la apuesta europea ha tenido siempre dos ejes: en el interno, las instituciones europeas se venden como el capitalismo amable y eficiente, capaz de combinar desarrollo y derechos; en el externo, y en línea con lo anterior, el rol que ha jugado la UE ha sido el de mediador y promotor de derechos. Huelga decir que ni lo uno, ni lo otro son realmente ciertos: la política de la UE de cara a sus clases trabajadoras ha estado marcada por un neoliberalismo extremo que ha cercenado derechos laborales y externalizado a terceros países, con el consiguiente declive de los sectores que generaban empleo de mayor calidad, mientras que su rol de cara amable del capitalismo internacional sólo trata de esconder la pervivencia de un neocolonialismo igualmente brutal.

La UE ha tratado de conformarse como un polo de economía sostenible con la ambición de liderar a nivel mundial este sector. Era una apuesta doble, porque permitía modernizar el proyecto político mientras se avanzaba en una autonomía energética imprescindible. Esta se basaba en dos razones: primero, porque depender de terceros para el abastecimiento energético es una debilidad en el plano geopolítico y en el económico; segundo, porque sale muy caro. La energía industrial europea asume precios muy altos (hasta cuatro o cinco veces más caro el gas y hasta dos o tres veces la electricidad) en comparación con EE UU y China **9/**. Pero la apuesta europea por las renovables no acaba de avanzar, lastrada por la dependencia de materiales de los que tampoco dispone y que, una vez más, dependen de importaciones de países en vías de desarrollo. Para construir y explotar las infraestructuras que permiten generar energía renovable hacen falta materiales como el cobalto y el coltán, que se extraen mayoritariamente en República Democrática de Congo, o el litio, cuyas reservas mundiales se alojan mayoritariamente entre Argentina, Chile y Bolivia **10/**. Lo que nos lleva directamente a lo que tratábamos en el punto anterior, el neocolonialismo.

Sin duda, esto no debía parecer un obstáculo para la burocracia comunitaria, pero ha resultado serlo. Además de los giros políticos en América Latina, que llevan al poder a gobiernos poco dispuestos, en ocasiones, a vender sus recursos a bajo precio, se suma la cuestión de África. Quizá no sólo Europa tuvo la idea brillante de explotar recursos clave a precios baratos: China lleva más de veinte años intensificando las relaciones comerciales y Rusia ha aprovechado la situación de la violencia generada por las milicias ultrareligiosas en sus diversas variantes para venderse como proveedor de seguridad y mercenarios. La apuesta de ambas potencias, más fuerte o más acertada que la europea, ha llevado a que varios países subsaharianos salgan de la órbita europea en poco tiempo –la llamada Confederación de Estados del Sahel, formada por

9/ Miguel Gil-Tertre: "La transición energética como motor de la competitividad: desafíos de la política energética europea en el próximo ciclo 2024-2029". https://www.realinstitutoelcano.org/analisis/la-transicion-energetica-como-motor-de-la-competitividad-desafios-de-la-politica-energetica-europea-en-el-proximo-ciclo-2024-2029/

10/ Laura Ojea: "Las cinco materias primas imprescindibles para la transición energética del planeta". https://elperiodicodelaenergia.com/las-cinco-materias-primas-imprescindibles-para-la-transicion-energetica-del-planeta/

Mali, Níger y Burkina Faso **11/**–, lo que abre una grieta de tamaño más que considerable en la influencia que Europa, y particularmente Francia, tenían en África Occidental. Y aunque no se trata de países que produzcan directamente los materiales que la UE necesita para su transformación renovable, la presencia rusa y china y la ruptura con la metrópoli europea constituye un golpe a la influencia y la capacidad de presentarse como un agente determinante en la región.

En conexión con la anterior, la automoción ha sido una apuesta importante que permitiría mantener una industria fuerte con presencia histórica en Europa y transformarla en clave de transición energética. Sin embargo, el sector presenta límites similares: competencia con otros bloques de mayor pujanza (China, particularmente en el mercado de baterías y producción de vehículo eléctrico, y EE UU, que se ha posicionado con fuerza a través de la Inflaction Reduction Act). Hace ya décadas que el sector automovilístico europeo ha dejado las tareas de fabricación, externalizadas en su mayor parte, para centrarse en dos fases del negocio, el ensamblaje y, sobre todo, el diseño industrial. Sin embargo, y pese a las ayudas millonarias, el futuro parece oscuro para esta industria porque la gran apuesta de fondo, la transformación, sigue sin despegar **12/**.

La coyuntura bélica, sin embargo, ha girado en una línea más favorable a los intereses del capital europeo en los últimos tiempos. Europa no había tenido un rol fuerte en política militar y securitaria, pese a que EE UU lo había reclamado a veces. Sin embargo, los conflictos, citados más arriba, en el Sahel y, sobre todo, la invasión rusa de Ucrania, pueden hacer que la UE tenga un mayor interés. La presión externa, por supuesto, también ha crecido, como evidencia el acuerdo de la OTAN para elevar el gasto militar al 2% del PIB.

Para incrementar el gasto, la UE ha intentado flexibilizar los mecanismos de acuerdo en materia de defensa, pasando de la unanimidad a la mayoría, lo que es en realidad el primer paso para empezar a desarrollar una política europea común **13/**, lo que se añade a una inversión de 1.500 millones de euros para coordinar e impulsar la industria militar común. Puede parecer poco, pero como explican las propias autoridades europeas, se trata de una cantidad que se dedica sólo a la planificación, puesto que el gasto militar como tal depende de los Estados miembros **14/**.

11/ "Le Burkina Faso, le Mali et le Niger s'unissent au sein d'une Confédération des Etats du Sahel" https://www.lemonde.fr/afrique/article/2024/07/06/le-burkina-faso-le-mali-et-le-niger-s-unissent-au-sein-d-une-confederation-des-etats-du-sahel_6247402_3212.html

12/ "El parón del coche eléctrico en Europa pone en punto muerto las inversiones y el empleo en el automóvil". https://cincodias.elpais.com/companias/2024-08-14/el-paron-del-coche-electrico-en-europa-pone-en-punto-muerto-las-inversiones-y-el-empleo-en-el-automovil.html

13/ Jesús Núñez Villaverde: "Unión Europea, de la unanimidad a la mayoría cualificada en el marco de la PESC". https://www.realinstitutoelcano.org/comentarios/union-europea-de-la-unanimidad-a-la-mayoria-cualificada-en-el-marco-de-la-pesc/

14/ "Bruselas invertirá 1.500 millones de euros en su Estrategia Industrial de Defensa" https://www.eleconomista.es/economia/noticias/12706291/03/24/bruselas-invertira-1500-millones-de-euros-en-su-estrategia-industrial-de-defensa.html

Por último, aunque la UE y sus Estados miembros no han tenido una actividad muy visible en el área de producción armamentística, eso no quiere decir que esa actividad no exista; muy al contrario, de las diez mayores empresas armamentísticas del mundo, la mitad son europeas. Por lo tanto, hay que entender que estos movimientos no obedecen a potenciar una industria débil, sino a reorientar la dirección política para conformar una industria a escala europea que pueda competir en un contexto de crecimiento de los conflictos bélicos en todo el mundo. Todo lo que viene a confirmar que el proyecto de capitalismo de cara amable de la UE siempre ha dado por hecho que podría disponer de los materiales que sus antiguas colonias, ahora condenadas a nuevas formas de expolio, poseen en abundancia.

De las diez mayores empresas armamentísticas del mundo, la mitad son europeas

La dimensión política

Europa, desde lo momentos de su unificación, ha querido jugar el papel de un capitalismo amable. Con una arquitectura institucional diseñada en las décadas de auge del neoliberalismo y con un rol muy determinado dentro del sistema económico mundial, este papel se ha articulado recientemente a través de las políticas de transformación energética que apostaban a una fuerte reducción de emisiones, y de las políticas solidarias en materia de asilo, especialmente en la crisis de personas refugiadas de 2015. Al margen de todos los límites que escondían estas políticas, casi diez años después, la coyuntura ha cambiado, virando fuertemente a la derecha.

La solidaridad con las y los refugiados sirios, que permitía a Europa marcar perfil progresista frente a las políticas de bloqueo de la migración en EE UU, ha pasado a la historia. Hoy, la ruta migratoria más mortífera es precisamente la que las y los africanos recorren para intentar llegar a la antiguamente solidaria Europa.

La política *verde*, asumida por la dirigencia europea, desde los sectores más inteligentes de la derecha hasta el conjunto de las socialdemocracias **15/**, encuentra cada vez más problemas ante la competencia de las dos grandes potencias mundiales, EE UU y China, y las dificultades para desarrollar el proyecto neocolonial al que va inevitablemente unida la transición energética del capitalismo europeo.

Sólo el eje pardo, de proteccionismo y crecimiento de los aparatos de control securitario, parece tener buenas perspectivas. Su justificación parece segura en un Europa cada vez más reaccionaria gracias al apoyo a Ucrania,

15/ Utilizamos este término porque es el que identifica a los proyectos de centro izquierda europeos, aun sabiendo que los partidos que se suelen denominar así son socioliberales y abandonaros hace tiempo la socialdemocracia.

la vigilancia ante los conflictos del Sahel y la conversión de las fronteras en un auténtico muro contra la migración.

Decíamos antes que el racismo es estructural y que su aparición bajo fórmulas más o menos violentas depende de las coyunturas que se vayan dando en cada momento. Históricamente, sin duda, nos encontramos en un momento de auge de la política racista y en Europa no podemos esperar otra cosa: la necesidad de incrementar la explotación neocolonialista va estrictamente vinculada a la política verde, y también, por lo tanto, a la militarización de las fronteras y de las relaciones internacionales. De esta forma, se incrementa la presión sobre los países periféricos y sus poblaciones se ven obligadas a incrementar la migración, lo que a su vez da argumentos a la derecha política para exigir el aumento de la militarización.

La izquierda política, mientras tanto, no ha sido capaz de elaborar una propuesta mínimamente coherente que vaya más allá de consignas adecuadas, pero insuficientes. Es imprescindible ir más allá de la defensa del derecho a migrar trazando un programa y un discurso basado en la autonomía de las personas migrantes desde sus condiciones materiales efectivas y su identidad, y también un marco de apoyo desde las izquierdas nativas de los países receptores. Algunas propuestas antirracistas son indiscutibles: vías legales y seguras para la migración, mecanismos de regularización que eviten las situaciones precarias, salida inmediata de los contingentes militares de los países que sufren el neocolonialismo, son sólo algunos ejemplos. La creatividad política y el respeto a la autonomía de los sujetos explotados y expropiados -siguiendo a Fraser- serán dos de las vías que permitan encontrar elementos organizativos compartidos desde los que construir una propuesta operativa que pase de los lemas a los programas.

Es imprescindible ir más allá de la defensa del derecho a migrar trazando un programa y un discurso basado en la autonomía de las personas migrantes

Juanjo Álvarez, militante ecosocialista.

colección crítica & alternativa

Tiempos de lucha y liberación cultural: conversación con Elias Khoury

Ilan Pappé

■ El 15 de septiembre de 2024 falleció a los 76 años de edad Elias Khoury, excepcional componente de la vida política y literaria libanesa.

Khoury fue un prestigioso novelista, escritor y pensador político profundamente comprometido con la política libanesa y palestina. Con motivo de su fallecimiento, *MERIP* ha publicado un extracto inédito de una conversación entre Ilan Pappé y el propio Khoury de 17 de febrero de 2022. Su charla, que aborda desde la guerra civil libanesa hasta la naturaleza de la historia, la resistencia y la Nakba permanente, se publicó en octubre en el volumen *Palestine in a World on Fire* (Haymarket, 2024), coeditado por Katie Natanel, editora ejecutiva de *MERIP*, y el propio Pappé. El libro contiene una serie de entrevistas a destacados pensadores progresistas sobre el movimiento palestino de liberación y sus conexiones con las luchas por la justicia en todo el mundo.

Ilan Pappé: Gracias por compartir este tiempo con nosotros, Elias. Me gustaría comenzar con una o dos preguntas sobre Líbano, tu país. La guerra civil traumatizó a la sociedad libanesa y marcó tu propia biografía y tu vida. Da la impresión de que es algo más que un acontecimiento definido en el tiempo; parece mucho más una estructura, casi una parte no deseada del ADN de una nación que a veces puede aplacarse pero que nunca se supera del todo.

Tu novela *Espejos rotos* se sitúa en lo que se conoce como *periodo de posguerra*, cuando parecía que los quince años de guerra civil en Líbano habían concluido. A las y los lectores nos da la sensación de que la guerra perdura; por más que podamos identificar el periodo en que están ambientadas, en tus novelas la guerra no acaba. Parece una historia mucho más cíclica que lineal, atravesada por un estado de ánimo que caracteriza las biografías de las abatidas familias y parejas que pueblan tus novelas, que navegan incómodamente en relaciones aparentemente insalvables y que, sin embargo, se las arreglan para vivir juntas.

Da la impresión de que para ti la guerra y los conflictos en general son acontecimientos atemporales: están dominados por lo que a las y los académicos les gusta llamar *temporalidad,* algo que los y las palestinas conocen demasiado bien. ¿Lo que está pasando hoy en día en Líbano forma parte de esa historia cíclica?, ¿o se trata de un nuevo capítulo, aunque sin los campos de exterminio propios de la guerra, pero con una crisis económica y política que siembra la desintegración y la incertidumbre endémicas?, ¿o sigue siendo parte de la crisis interminable? ¿Hay alguna esperanza de un futuro diferente para el Líbano?

Elias Khoury: La pregunta me resulta muy difícil porque *Espejos rotos* es una novela. Y quiero hacer constar que, de alguna manera, la guerra civil que comenzó en 1975 liberó a la literatura. La escena literaria libanesa estaba dominada por la poesía y la música románticas y nostálgicas sobre un país unificado y consolidado que no tenía nada que ver con el de la época actual.

La guerra civil nos brindó, a mí y a mi generación, la oportunidad de destruir el lenguaje dominante y abrir la escena literaria a lo que yo llamo *escribir el presente*. Pero cuando escribimos el presente, el propio presente encarna en sí mismo el pasado. Y en él hay elementos del futuro. No se puede escribir el presente de una guerra civil que tuvo lugar en 1975 sin recordar la guerra civil que ocurrió en el siglo XIX, a comienzos de 1860. Ni que, tras esa guerra, las siete potencias europeas dominantes de aquella época crearon el embrión del Líbano moderno.

Descubrí que los escritores de la época y los que vinieron después, que fueron grandes narradores y los mayores innovadores de la lengua árabe a finales del siglo XIX y principios del XX, nunca mencionaban la primera guerra civil. Y que remontarse a un acontecimiento como ese producía un sentimiento de vergüenza.

Pero esto no resuelve el problema. No podemos escribir sin afrontar la realidad, sin enfrentarnos al presente con los ojos abiertos. No podemos producir literatura de verdad. Y la guerra civil propició la aparición de la novela libanesa, esta es mi teoría. Antes de la guerra civil, teníamos novelas, por supuesto, pero no teníamos un movimiento. La poesía predominaba totalmente. Pero con la guerra civil emergió la prosa y las historias del presente; la nueva literatura estaba en proceso de creación. Ahora bien, que me refiera a la guerra civil del siglo XIX no presupone que estemos en una situación cíclica, aunque tampoco significa que estemos en una situación lineal. Esto también se puede apreciar en mis novelas. La cíclico no es una interpretación exacta, como tampoco lo es la lineal en la que siempre se va al futuro, hacia algo mejor. Estamos ante esa combinación de demonios creados en circunstancias históricas especiales y que se recrearon posteriormente, en los años setenta, bajo otras circunstancias. Podemos hablar de una forma de continuidad, pero hay una quiebra entre la guerra civil tal y como fue a principios de los 70, enmarcada en la lucha palestina por la liberación de Palestina, y la guerra civil que siguió después de 1982, absolutamente salvaje, como dijo Marx, que se refirió a la guerra civil libanesa del siglo XIX como a la de "las tribus salvajes de humanos". Esas tribus salvajes volvieron o retornaron con una nueva forma.

La guerra civil no es nuestro destino, pero es nuestra condición actual. Porque un país pequeño como Líbano está rodeado de dictaduras. Por un lado, está Siria y lo que su régimen ha hecho al pueblo sirio y libanés. Y por otro, está la frontera con Israel y lo que ese Estado ha reproducido en la región, esencialmente la noción de identidad basada en la religión. Esta idea es algo moderno. No es algo del pasado.

I. P.: Para quienes no estén familiarizados, los puntos de vista occidentales afirman que quienes se enfrentaron en 1860 fueron las comunidades maronitas y drusas. Pero creo que también intervino una cuestión de clases sociales entre terratenientes y campesinos. Al observar una historia así, que no es cíclica pero tampoco lineal, que tiene continuidad, pero también rupturas drásticas, pienso en el término *sectarismo*.

Estamos manteniendo esta conversación bajo los auspicios del Instituto de Estudios Árabes e Islámicos [de la Universidad de Exeter], que es uno de los centros de estudios sobre Oriente Próximo más importantes del Reino Unido. Y el *sectarismo* es una cuestión que debatimos académicamente. Creemos que el término se emplea habitualmente desde el clásico marco orientalista y reduccionista de la historia y la cultura árabes, en el contexto de Líbano en particular, pero también en el de Iraq y Siria. Este encuadre produce una cronología y un espacio políticos en los que los grupos se enfrentan brutalmente entre sí en un conflicto permanente. Y es este punto de vista histórico el que se utiliza para dar una explicación superficial de la violencia en lugares como Líbano, así como pretexto para la intervención colonial y posteriormente imperial.

¿Hay alguna forma mejor de analizar las afiliaciones confesionales y las identidades de grupo en el mosaico del mapa humano del Máshreq? Por ejemplo, como un legado del pasado con atributos humanos positivos, o como parte integrante de la vida (pero que no define toda la vida) que puede desempeñar un papel positivo hoy y en el futuro de Líbano y de otros lugares.

E. K.: Quiero contarte una historia muy elocuente. Cuando los franceses dominaron Líbano y Siria por el Acuerdo Sykes-Picot y el mandato francés, que eran típicos del colonialismo, intentaron crear cinco Estados en Siria. Crearon un Estado para los drusos en Yabal, conocido ahora como Monte de los Drusos; un Estado para los alauíes en el norte y dos Estados para los suníes, uno en Damasco y otro en Alepo. Al quinto Estado lo llamaron Gran Líbano, aunque era muy pequeño. El único Estado que sobrevivió fue Líbano, porque allí existía el embrión de una estructura política sectaria confesional edificada desde el siglo XIX. Esa estructura no existía en Siria. No digo que la gente no sintiera afiliación a sus diferentes comunidades, sino que tal afiliación no formaba parte de su identidad nacional. Por eso fracasaron los cuatro Estados de Siria: no por la fuerza, sino por la voluntad de los sirios. Lo que estamos presenciando ahora es algo moderno, relativo a un tipo de modernidad de lo colonial, de las estructuras políticas y económicas y de las dictaduras que vinieron después del fin del colonialismo en el oriente árabe. Lo que estamos presenciando es la estructuración de las lealtades según bases sectarias o de las diferentes confesiones; eso es algo fabricado. Cuando nos referimos a la nación hablamos de algo fabricado. Nos inventamos una nación. Pero esto no significa que no tengamos diferentes afiliaciones, como ya he dicho.

Esto se da en cualquier parte del mundo, pero aquí, en el oriente árabe, es mucho más evidente. Nadie tiene una sola identidad. Tener una sola identidad es ser un fascista. Tenemos múltiples capas de identidades, lo cual es fuente de riqueza, no de empobrecimiento. Y no es eso lo que produce automáticamente guerras civiles, salvajismo y masacres. *Puede* producirlas si hay una estructura que las impulsa. La dictadura siria intentó dominar Siria utilizando a una de las comunidades contra las otras, utilizando a una minoría contra la mayoría. Lo mismo ocurrió en Iraq, pero a la inversa, a través del Partido Baas, que fue una catástrofe para el mundo árabe.

Nadie tiene una sola identidad. Tener una sola identidad es ser un fascista. Tenemos múltiples capas de identidades, lo cual es fuente de riqueza

Así que lo que estamos presenciando en la actualidad es algo inventado; llegó a niveles de salvajismo en Iraq, con *Daesh* [Estado Islámico], con lo que les pasó a los yazidíes, con lo que les pasó a los cristianos de Mosul y lo que le pasó a la comunidad cristiana del país bajo [la ocupación de] los estadounidenses. Podemos abundar más. Se trata de algo muy nuevo, no es que venga de antiguo. En nuestra historia han existido facciones y guerras civiles, que aunque adoptaran la forma de ideología o religión podemos analizarlas desde una perspectiva totalmente diferente. Ahora, sin embargo, asistimos a algo totalmente nuevo, totalmente moderno, que amenaza nuestras unidades nacionales y nuestras identidades personales.

Una vez, estando en Francia, alguien me presentó como cristiano; le dije: "Por favor, por favor, por favor... no soy cristiano, ¿quién te ha dicho que soy cristiano? Vengo de una familia cristiana pero no soy cristiano". No es mi identidad. Soy libanés, soy árabe. Todo el mundo piensa que soy palestino y me enorgullezco de ello. Así es como comprendo las cosas y como escribo, así es como contemplo las múltiples identidades en mis novelas. Aparece un musulmán que estuvo en [el Ejército de] la Yihad de las Muqaddas **1/** en los años 30 en Palestina, cuya madre es cristiana. Y para él, Santa María forma parte de su cultura. Así es como veo nuestra identidad, y esto puede constituir una gran riqueza, con una condición: que nos tomemos en serio nuestros destinos y que salgamos de este pozo sin fondo en el que estamos entrando.

I. P.: Estoy pensando en un pasaje de tu novela *Bab al Shams* [La cueva del Sol, 2009] que tiene que ver con esto. Aunque trata sobre la interpretación de un individuo de su propia historia, creo que también se refiere alegóricamente a lo que estamos hablando. Me refiero al momento en que Jalil le dice a Yunis que le "asusta una historia que sólo tiene una versión". Y sigue,

"(...) La historia tiene docenas de versiones, y que se anquilose sólo en una únicamente conduce a la muerte. No debemos vernos sólo en su espejo, porque son prisioneros de una historia, como si esa historia

1/ Jaysh al Yihad al Muqaddas fue una guerrilla palestina que operó durante el Mandato de Palestina, especialmente entre 1947 y 1948, para hacer frente al desalojo sionista y a la Nakba. Estuvo liderado por Abd al Qader al Husayni y Hasam Salama (N. de la T.).

los hubiera abreviado y osificado... No debes convertirte en una sola historia... Te veo como un hombre que traiciona y se arrepiente y ama y teme y muere. Esta es la única manera de no osificarnos y morir".

Se refiere a su vida personal, por supuesto. Pero creo que también es una especie de filosofía y tu propia reacción a una política reduccionista de la identidad que no tiene continuidad con el mosaico del pasado. Es una fabricación moderna y mortífera.

Déjame pasar ahora a Palestina. Desde los diecinueve años has estado profundamente implicado en el movimiento de liberación de Palestina y en la vida cultural palestina. Actualmente hay muchos esfuerzos e iniciativas orientados a reformular, rechazar o reemplazar la fragmentación causada por la *Nakba* y por los acontecimientos posteriores que dieron lugar a diferentes grupos palestinos con diferentes agendas. Y da la impresión de que la generación palestina más joven está buscando una vía para salir del actual punto muerto, esperemos que de la mano de un nuevo liderazgo democrático y representativo. ¿Participas en este tipo de reflexiones? Y aunque no sea así, ¿qué opinión tienes sobre la futura estructura política que pueda tener la capacidad de llevar adelante la lucha de liberación palestina en este siglo?

E. K.: Fui y creo que sigo siendo un militante, pero nunca he sido un político. Así que no esperes de mí una respuesta política desde el estrecho concepto de *política*. Como te has referido a Yunis y *La cueva del sol*, quiero recordarte que después de la derrota de 1967, hay una escena en la que Yunis, estando en el campamento, les dice a todos: "Desde el principio, tenemos que empezar de nuevo". Creo que ahora estamos en un momento muy similar a ese momento. Necesitamos un nuevo comienzo. Esto es lo que vibra en mis ojos y en mi alma. Eso es lo que sentí cuando Bassel al Araj **2/** fue asesinado por los israelíes.

Es lo que sentí la semana pasada cuando asesinaron a tres jóvenes de Nablus. Es lo que sentí cuando seis presos se escaparon de la prisión de Gilboa a través de un túnel. Necesitamos un nuevo comienzo. No creo que podamos revivir algo que murió. Sólo los dioses pueden resucitar, y nosotros no somos dioses. Somos seres humanos. En la historia no hay resurrección. En la historia hay comienzos, y el comienzo debe ser desde la base: desde la lucha y la resistencia con-

En la historia no hay resurrección. En la historia hay comienzos, y el comienzo debe ser desde la base: desde la lucha y la resistencia contra la ocupación, el *apartheid* y el cerrado discurso identitario nacional

2/ Basel al Araj, activista y autor palestino asesinado el 6 de marzo de 2017 por una unidad de la fuerza de la policía israelí Yaman (N. de la T.).

tra la ocupación, el *apartheid* y el cerrado discurso identitario nacional. La lucha por una Palestina libre y democrática, donde los y las palestinas tengan derecho al retorno, donde podamos esperar un futuro para los hijos, nietos y bisnietos de los y las refugiadas que han pasado por el infierno durante setenta y cuatro años.

Así que lo que necesitamos es un nuevo comienzo. E intento formar parte del debate sobre este inicio. Ya somos viejos; ya no estamos *aptos* para la lucha técnica que yo hice cuando era joven. Pero creo que la lucha tiene muchas facetas y una de ellas es la escritura y la literatura. Creo que Palestina ahora es literatura.

En la perspectiva artística pluralista, Palestina tiene un lugar especial; lo digo no sólo porque amo a los y las palestinas. Aquí tenemos una situación en la que hay colonización, hay *apartheid* y hay colonias (denominadas *asentamientos* en un error técnico). No tengo ninguna esperanza en el liderazgo que domina la OLP. No tengo ninguna esperanza en Hamás que está utilizando Gaza. Creo que necesitamos algo totalmente nuevo.

Necesitamos algo totalmente nuevo ante una nueva situación en la que las dictaduras árabes nos han mostrado su verdadero rostro: que no son sino otra cara del colonialismo y del sionismo. Las y los palestinos no están solos. Están solos si separan su lucha de la lucha de los árabes por la democracia y de la lucha por la igualdad y la humanidad a nivel internacional. No estamos solos. Pero necesitamos encontrar vías para reconstruir esta lucha y este sentimiento colectivos en torno a Palestina.

I. P.: Cuando decías que deberíamos empezar por el principio, estaba pensando en tu compromiso histórico con los acontecimientos de la Nakba como escritor, como novelista. Y después has añadido otra faceta, la de sostener una relación dialéctica entre la Nakba y el Holocausto en tus novelas: entre la historia judía o la historia de la persecución de las y los judíos y la historia de la colonización sionista y la opresión de los y las palestinas.

Me gustaría preguntarte sobre este compromiso con la Nakba y su negación. Una de las características de lidiar con la Nakba es cómo tú y muchos otros os referís a ella como *al Nakba al mustamirrah,* la Nakba permanente. Hay una cierta sensación de desesperación porque parece que las referencias más comunes a la Nakba son su persistencia y su constante negación. Tus novelas lo recuperan, como lo hacen los poemas de Mahmud Darwish, como lo han hecho los trabajos de los historiadores; recientemente hemos podio hacer que resurja el crimen de la masacre de Tantura en 1948. Es una negación forzada por el opresor, pero también por la incapacidad y falta de voluntad de las víctimas para hablar, como aprendemos de los cuadernos de notas de Adam Danun en *Children of the Ghetto*.

¿Hasta qué punto esta lucha contra la negación debería ser parte de la lucha de liberación de la que estás hablando? Has destacado el papel que debe jugar la literatura y estoy de acuerdo contigo. ¿En qué medida se trata también de una lucha contra la negación de la Nakba? ¿Y en qué medida la lucha contra la negación es parte de la descolonización, parte de la lucha por la liberación y no una adhesión nostálgica y enfermiza al pasado?

¿Es parte de lo que Edward Said solía llamar una exigencia de *permiso para narrar*, o es mucho más que eso? ¿Es precisamente a lo que te referías, el derecho de retorno? ¿No es una exigencia para luchar contra la negación porque no sólo queremos el reconocimiento del crimen de la Nakba, sino también que se rindan cuentas por los crímenes cometidos por Israel, y creemos que la mejor manera de rectificarlos es mediante el derecho al retorno? ¿Es esto algo en lo que deberíamos seguir centrándonos?

Y si puedo añadir, ¿cómo ves la conexión dialéctica entre la Nakba y el Holocausto? Tu implicación es un antídoto contra lo que estamos experimentando en Gran Bretaña debido a la nueva definición de la Alianza Internacional para la Memoria del Holocausto [IHRA, por sus siglas en ingles, sobre antisemitismo], por la que ahora la crítica a Israel puede incriminarse como negación del Holocausto. Reprime el debate y nuestra capacidad de realizar críticas constructivas.

Me gustaría que hablaras de la Nakba y su conexión con el Holocausto a través de la cita de Adam Danun, que dice en *Hijos del gueto*:

"No oculté mi identidad palestina, pero la escondí en el gueto palestino [en Al Lid, Lod, localidad palestina] donde nací. Yo era un hijo del gueto y eso me otorgó la inmunidad del gueto de Varsovia".

Las y los palestinos que permanecieron en las ciudades destruidas de Palestina después de la Nakba fueron acordonados en zonas y rodeados con alambre de púas, que los propios israelíes llamaron *el gueto*

Para aquellos que no están familiarizados con el término *gueto* en este contexto, permítanme explicarles que las y los palestinos que permanecieron en las ciudades destruidas de Palestina después de la Nakba fueron acordonados en zonas y rodeados con alambre de púas, que los propios israelíes llamaron *el gueto*.

Lo que estás haciendo, si lo entiendo bien, es proporcionar inmunidad a través de cierta forma de resistencia que utilizaba en el pasado la población judía perseguida, y protegerte a ti mismo, casi apropiándote del término *gueto* que invocaban los israelíes. Y creas una interesante relación como parte de un intento literario (y no político) de explicar la importancia de no negar la Nakba, de conmemorarla y examinar su relevancia para el presente.

E. K.: Utilicé por primera vez el término "la Nakba permanente" en una ponencia en la conferencia anual del Instituto Wissenschaftskolleg de Estudios Avanzados en Berlín. No sé por qué me eligieron, pero la sala estaba llena de profesores y directores de universidades alemanas, algo muy prestigioso. Leí un texto extenso que luego se publicó en inglés y en árabe. Para mi sorpresa, durante diez segundos nadie aplaudió. Y después, empezaron a aplaudir todos.

Pero la reacción y la verdadera indignación fue: "Estás hablando de la Nakba ahora y la Nakba ocurrió en el 48: *jalas*" [¡basta!]. No se podía negar la Nakba. No podían negarla. Pero querían negar que lo que estamos viviendo ahora sea la Nakba, que es la Nakba adoptando formas diferentes. Esto es lo que la diferencia del Holocausto: no digo que el Holocausto y la Nakba sean lo mismo. Una de las diferencias es que el Holocausto ocurrió y que la Nakba *sigue ocurriendo*. Éste es el presente de Palestina y este es el presente de las y los árabes. Está sucediendo ahora: en Sheij Yarrah, en Nablus, en todas partes de Palestina y en la Palestina histórica. En toda la Palestina de 1948 y 1967, en toda Gaza está ocurriendo la Nakba. Lo que estamos presenciando es el mismo proyecto que continúa. Cuando [el historiador israelí] Benny Morris volvió a publicar su libro después de la Segunda Intifada, dijo que Ben Gurion cometió un gran error por no haber seguido. La primera declaración de Ariel Sharon al comienzo de la Segunda Intifada fue: "Estamos en una nueva guerra de independencia", lo que significa que estamos en la Nakba. La guerra de independencia no ha terminado. Hay un proceso continuo que todavía está teniendo lugar y nuestra lucha es detener ese proceso. En el momento en que lo detengamos todo cambiará.

En este sentido, la Nakba no es un recuerdo. Es el presente, y la memoria procede del presente. Has mencionado el gueto de Lydda; hubo muchos guetos: Lydda, Ramle, Haifa, Yafa. Los palestinos del gueto escucharon el término por primera vez a los soldados israelíes. Y para mi asombro mucha gente me decía: "¿No es el nombre del barrio árabe, del vecindario árabe?". Pensaban que *gueto* era el nombre que Israel daba al barrio árabe.

No fue casual que los soldados israelíes los llamaran guetos: en su subconsciente sabían lo que estaban haciendo. Estamos revisitando Tantura y lo presenciamos en la película (*Tantura*, 2022). Creo que estos criminales eran conscientes de sus delitos. Hay una hermosa novela israelí, *Khirbet Khizeh,* de S. Yizhar, que era sionista, pero yo enseñaba sobre su novela. Para quienes se dedican a la literatura comparada resulta interesante comparar *Khirbet Khizeh* con la literatura palestina.

La novela se publicó en 1949, en la guerra de la Nakba, durante la guerra de independencia. Yizhar describe a la población palestina expulsada de esa aldea (que él llamó "Khirbet Khizeh", y que luego supimos que era la aldea real de Jirbet al Jisas) como si fuera judía. Utiliza los mismos términos que usan los antisemitas para describir a los judíos, lo que los convierte en *los judíos de los judíos.*

La Nakba y el Holocausto se relacionan a través de este concepto: los judíos y *los judíos de los judíos.* Y parece que todas las sociedades y todos los racismos necesitan la figura de los judíos. Si no tienes judíos, te los inventas. Lo mismo está pasando ahora en Europa: están inventando a sus judíos con los musulmanes. Así que prácticamente ya no es posible entender el Holocausto sin entender la Nakba o entender la Nakba sin entender el Holocausto.

Esto no significa que un delito y otro nos iguale. El Holocausto es un crimen que debemos condenar y la Nakba es un crimen que debemos condenar. Pero la Nakba se sigue produciendo y hay que rendir cuentas. De lo contrario, no podremos escapar de este círculo vicioso. Sé que esto no parecerá realista, pero es que no lo soy.

Necesitamos un sueño. Necesitamos un sueño para escribir libros. Necesitamos un sueño para hacer una revolución. Necesitamos un sueño para enseñar desde lo más profundo del corazón. De lo contrario, no tiene sentido.

Esta relación entre la Nakba y el Holocausto abrirá un horizonte para la reconciliación. No en la forma en que los Acuerdos de Oslo enmarcaron la reconciliación, que fue una rendición que los israelíes rechazaron. Necesitamos una reconciliación profunda para aceptar al otro y tratar de construir un nuevo lugar democrático, un lugar donde nuestra identidad religiosa no sea la identidad que domine. La identidad dominante es nuestra identidad humana. Eso es con lo que sueño.

Y creo que esto es lo que me dio la energía para escribir una novela como *Hijos del gueto*. Ese sueño me permitió atravesar esa historia tan oscura como si estuvieras entrando en tu propia oscuridad: ese es el corazón de la oscuridad. Ése es el verdadero corazón de las tinieblas que la literatura puede ayudarnos a comprender. No a resolver, sino a comprender. Cómo solucionarlo dependerá de la nueva generación, que es quien debe enseñarnos.

I. P.: Una última pregunta, Elías. Al comienzo de nuestra conversación, has dicho que de algún modo la guerra civil liberó a cierta generación de escritores libaneses y has conectado acontecimientos pasados y presentes. Me ha recordado lo que Isabel Allende dijo una vez: que a diferencia de Occidente, el público en Latinoamérica espera que sus escritores aporten algún mensaje, ideológico, moral, político. Allende tenía la sensación de que incluso en una historia romántica, el público espera una referencia a cuestiones políticas, ideológicas y morales.

Cuando observas la próxima generación de escritores del mundo árabe, ¿crees que existe la sensación de que la escritura o la novela, con todos sus múltiples objetivos, forma parte de la lucha de liberación? Una vez dijiste que querías que la gente sintiera la alegría de la novela, que se sintiera feliz, interesada o conmovida. Pero también existe el deseo no de resolver u ofrecer una solución, sino de iluminar una cuestión, de expandirla. ¿Crees que la actual generación de escritores sobre Palestina o Líbano se ven a sí mismos como parte de la liberación, que luchan contra la injusticia? ¿O hay más bien una escapatoria, algo así como "esto es tan horrible o irresoluble que no queremos estar ahí"? ¿Puedes ofrecernos una declaración final sobre el papel de la literatura en una parte del mundo que necesita descolonización, particularmente des-sionización, y un mejor historial de derechos humanos y civiles?

E. K.: Cuando hablábamos de traducción, decíamos que las y los traductores deben ser poetas y no deben pensar en el público. Cuando escribo, no pienso en el público. Pienso en lo que intento descubrir, en lo que intento atravesar, en lo que intento experimentar. Porque cada novela es como un viaje. Cada novela presenta algo que aprender, que descubrir, y *después* volver y leer. En *Las mil y una noches,* Simbad solía viajar a lugares lejanos para contar historias, porque era un narrador. Así que volvía y las contaba. Yo voy para contar, y cuento lo que he visto. No cuento lo que creo que es bueno.

Volviendo a *La puerta del sol,* el plan era escribir una historia de amor, lo juro. El proyecto inicial no tenía nada que ver con Palestina. Inicialmente el plan era que Yunis vivía en Líbano y que tenía a su esposa en Galilea; y quiere cruzar la frontera, ir a reunirse con ella porque está enamorado. Y me dije: "Esta es la primera historia". Porque normalmente la historia de amor en la literatura es la historia de la separación. Y nunca se ama a la esposa; se ama a otra. Así que pensé que iba hacia un nuevo enfoque del amor. Luego, cuando puse a Yunis en su contexto, que era toda Palestina, me sentí obligado. En lugar de escribir una novela en un año, una novela pequeña y breve sobre el amor, pasé siete u ocho años para construir la historia completa. Pero toda la historia giraba en torno al amor.

Así que uno descubre y es testigo de lo que está descubriendo. Creo que de eso trata la literatura. Ahora, leyéndolo en la situación en la que me encuentro y en la situación en que se encuentra el texto, por supuesto que creo que forma parte de la descolonización, porque yo soy parte de la descolonización. Pero no presiono al texto para que me siga. Yo sigo al texto. No les enseño a los héroes qué decir, ellos me enseñan a hablar.

Se trata de una relación muy compleja, aunque prácticamente mis héroes son marginales. Lo elijo así porque yo me siento en los márgenes. Son extraños porque yo me siento un extraño. Como Adam Danun, o como Jalil Ayub. Así es como me siento. Me identifico con ellos. Creo que ahora en el Máshreq estamos siendo testigos de algo. Por ejemplo, hay una enorme innovación en la novela siria que se ha producido a lo largo de doce años, desde el comienzo de la llamada Primavera Árabe. Es admirable cómo la novela siria ha llegado a ser tan central en la cultura siria, y cómo la novela iraquí ha recorrido el mismo camino que la novela libanesa hace cincuenta años.

Soy lector y aprendo de los nuevos escritores jóvenes. Yo no les enseño. Cuando los leo, ¡soy tan feliz! Muchos sienten que es demasiado, que tienen que apartarse. Creo que no se puede. Estemos donde estemos, somos testigos. Al principio me preguntaste personalmente sobre Beirut. Esta es la primera vez en mi vida que me siento en el exilio cuando estoy en Beirut.

El exilio se ha convertido en una parte interior de nuestras vidas, estemos en Beirut, en Bagdad, en Damasco, en París, en Londres o en Berlín. Dondequiera que estemos, estamos en el exilio. Y creo que esta experiencia de la literatura, del exilio, aportará algo nuevo. No sé qué. Pero hay algo profundamente nuevo que está empezando. Tengo muchas ganas de leer porque, en la práctica, ¿quién es el escritor? El escritor es el lector. Lees la realidad y la traduces. Cuando lees una novela o un poema, cuando vuelvo a mi gran amigo y poeta personal Mahmud Darwish, siento como si estuviera aprendiendo todas las lenguas. No sólo árabe. Estoy abarcando todas las lenguas.

En una lengua se sienten todas las lenguas. Se sienten las lenguas antiguas que dominaban en nuestra parte del mundo, especialmente el arameo, el siríaco, el hebreo, etc. Y abarcamos las lenguas modernas. En un poema se puede encarnar el mundo entero. En una novela se mostrará el mundo entero, y tú serás parte de él.

Ilan Pappé, israelí, es catedrático de Historia y director del Centro Europeo de Estudios Palestinos de la Universidad de Exeter.
Elias Khoury fue un escritor, dramaturgo y crítico literario libanés. Fue uno de los escritores árabes más conocidos, tanto dentro del mundo árabe como fuera de él.

Fuente: *MERIP*

Traducción para **viento sur:** *Loles Oliván Hijós*

Javier Maestro

LA TRAYECTORIA DEL MARXISMO REVOLUCIONARIO: EL PLANO INTERNACIONAL (1880-1920)

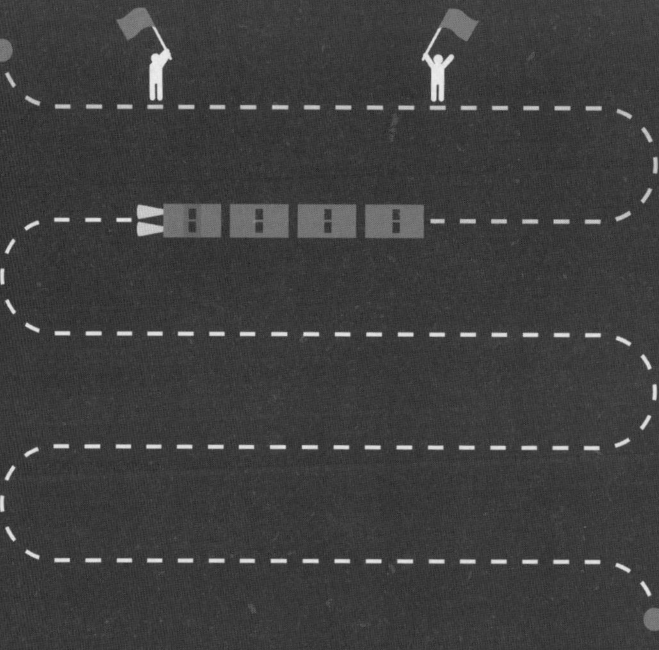

Sylone vientosur

Fotografía analógica para un proyecto comunitario

Contado Pierde

■ *Contado Pierde* es un proyecto de difusión de fotografía analógica en Madrid impulsado hace diez años por Alberto Cañizares, con quien hablamos para esta sección, y otros socios y socias. Esta iniciativa surgió como una herramienta pedagógica para fomentar la concienciación y el conocimiento sobre el funcionamiento de una cámara en un momento en donde la fotografía digital con teléfonos móviles empezaba a extenderse.

El deseo de crear un espacio colaborativo, donde pudiera crecer una comunidad real, lejos de las lógicas consumistas e hiperproductivistas de la sociedad actual, motivan esta apuesta de aprendizaje de fotografía analógica.

Contado Pierde además de ser un laboratorio comunitario es un proyecto de autoempleo. En este espacio se pueden realizar distintos talleres de revelado o de experimentación fotográfica. También es un punto de venta de películas, copias, fanzines y un lugar donde revelar carretes fotográficos.

Para Alberto Cañizares una de las principales virtudes de la fotografía analógica es estar en contacto con la metodología que históricamente ha desarrollado la fotografía. Se trata de un proceso que conecta con un trabajo artesanal, manual, lento y meditado en contraposición con el ritmo acelerado y la inmediatez que hoy domina el día a día. Tiene, en palabras de Alberto, "un componente terapéutico y sanador".

Las principales fuentes de inspiración de este fotógrafo son figuras, poco conocidas, que han realizado una gran aportación a la divulgación y a la democratización de la fotografía, como son las y los fotógrafos *minuteros,* aquellos que salían a la calle con sus cámaras de cajón con las que podían entregar la fotografía en pocos minutos al revelarlas en el interior de sus cámaras.

En las imágenes que acompañan a este número podemos ver la esencia de *Contado Pierde.* En la primera de ellas, uno de los socios utiliza una de las cabinas para ampliar el color de la fotografía. En otra, un socio revela una película. En este espacio, los socios y socias pueden realizar tareas tanto de revelado como de ampliación. En la siguiente instantánea, podemos ver dos de los ocho puestos con los que cuenta el laboratorio, un local en donde también se imparten talleres de iniciación en este ámbito. En una de las fotos grupales vemos a parte de la comunidad y las socias y socios de *Contado Pierde.* Y, por último, Alberto Cañizares practicando foto minutera y vendiendo cámaras estenopeicas en un festival.

Para conocer más de cerca el proyecto, podéis encontrarlos en Instagram con el siguiente usuario: *@contadopierde.* ¡Larga vida a la fotografía analógica y a las iniciativas comunitarias!

Mariña Testas

CONTADO
PIERDE

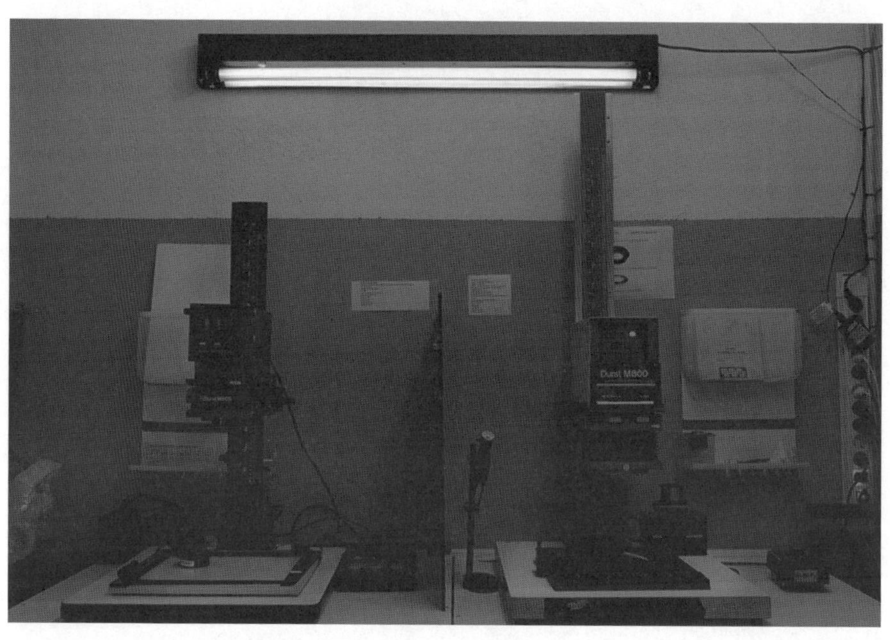
Durst M800

Kodak

CAMARAS DE FOTOS
REALES
REAL CAMERAS
FROM RECYCLED
MATERIALS

Marxismo, feminismo y decolonialidad: un cruce de luchas y perspectivas

Carolina Meloni González y Mario Espinoza Pino

> En las ruinas del presente, se trata de descubrir y experimentar colectivamente prácticas populares de humanización y desvulnerabilización (podemos pensar en las teorías feministas negras, africanas y autóctonas, especialmente las que tratan sobre el cuidado, la solidaridad y el medioambiente, pensar en prácticas y discursos de esperanza, de utopías allí donde se producen sublevaciones reales). No tenemos un "otra parte" que esté completamente a salvo de la violencia sistémica, pero tenemos una cartografía de las fallas, de los intersticios, de los espacios apenas vigilados, opacos, donde se pueden desplegar prácticas que no se basen en el cálculo y el valor mercantil.
>
> Françoise Vergès, *Una teoría feminista de la violencia*

■ El auge de la extrema derecha y el rumbo belicista que ha tomado el presente -sacudido por la guerra de Ucrania y el genocidio sionista contra el pueblo palestino- han generado un horizonte global cada vez más abigarrado y complejo. Un horizonte volátil que urge descifrar desde una mirada múltiple y diversa, capaz de dar cuenta de la textura de un tiempo y una época caracterizados por un recrudecimiento del imperialismo y del neoliberalismo en su faceta más autoritaria y cruel. Nos encontramos ante una nueva fase neoextractivista del capital, en la que la mal llamada transición ecológica del Norte global está realizándose a costa de los recursos de los pueblos del sur -despojo de tierras, extracción de materias primas, represión de poblaciones originarias y miseria-. Mientras tanto, en Europa asistimos a un acelerado retorno de los fantasmas del viejo fascismo, espectros que se materializan en un repliegue nacional y chovinista de la esfera política, cuyas consecuencias son un reforzamiento del racismo estructural, así como la proliferación de discursos ultraconservadores en materia de género y diversidad sexual.

Ante un contexto semejante, en el que la explotación, el racismo y el patriarcado se dan la mano de un modo molecular y cotidiano, conviene mantener una perspectiva lo más amplia y crítica posible sobre lo que está aconteciendo. Por ello, creemos que establecer un diálogo entre el marxismo, el feminismo y el pensamiento decolonial puede servirnos como una encrucijada estratégica -un *enclave mestizo*- que nos permita comprender mejor los conflictos que estamos atravesando y nos atraviesan. De manera que a través del entrelazamiento, tensión y dialéctica entre estos enfoques y tradiciones podamos esbozar, de manera coral, líneas de intervención política para transformar el presente. ¿Cómo enfrentar de manera más efectiva las diversas opresiones que el capitalismo le impone a nuestras vidas? ¿Cómo pensar la *interseccionalidad* de manera práctica, antagónica y situada? ¿Qué subjetividades o qué figura subjetiva podemos imaginar a partir de la diversidad que recorre nuestra época? ¿Cómo subvertir las líneas de fuerza coloniales y eurocéntricas que atraviesan las tradiciones emancipatorias en el norte y el sur? ¿Cómo viabilizar un proyecto anticapitalista a partir de estas encrucijadas? En cierto sentido, se trataría de pensar cómo establecer líneas de fractura y lucha de clases frente al capitalismo racial y patriarcal que nos asedia.

Son estas algunas de las cuestiones que nos urge pensar y a las que hemos invitado a debatir de manera colectiva a diversas autoras y autores. Creemos que la manera de afrontar una coyuntura tan crítica como la que experimentamos solo puede venir de una mirada común y abierta desde diversas genealogías, saberes, horizontes y geografías. Solo si somos capaces de crear un debate y un conocimiento colectivos a la altura de la época podremos responder a las contradicciones, problemas y enigmas que nos plantea un momento tan complejo como el que atravesamos. En esta línea, abre este **Plural** el texto de **Salma Am(a)zian** "De norte a sur, de este a oeste, las tierras robadas serán recuperadas cueste lo que cueste", en el que se reflexiona sobre el concepto de territorio-cuerpo desde las luchas feministas del norte de Marruecos. Para Ama(a)zian urge poner sobre la mesa la desposesión territorial que han sufrido a lo largo de la historia los pueblos colonizados, así como visibilizar las resistencias a este modelo colonial-extractivista. Asimismo, la autora confronta las tesis racistas del feminismo blanco hegemónico en torno a la islamofobia y a la creación de un imaginario violento que atravesaría la representación ideológica del hombre musulmán. Desmantelar las condiciones materiales y simbólicas de estos entramados de muerte es para Am(a)zian la tarea más urgente de los feminismos decoloniales.

En el texto "Fanon, Shariati y el islam como fuerza revolucionaria", **Helios F. Garcés** reivindica la figura del psiquiatra, marxista y revolucionario anticolonial Frantz Fanon como un puente intelectual y político hacia una tradición de lucha revolucionaria habitualmente silenciada: aquella que tiene lugar en el seno del islam. A través del pensamiento del sociólogo iraní Ali Shariati, que mantuvo un profundo diálogo con Fanon, el autor nos muestra dos imágenes de la religión contrapuestas: la religión del *statu quo,* aquella que cimenta formas de poder despótico y produce alienación en los creyentes, y una visión de la religión liberadora, crítica e instituyente, próxima a la praxis profética. Helios F. Garcés nos invita así a la reconstrucción de una genealogía espiritual y revolucionaria que llega hasta la resistencia Palestina, tradición plural que no ha dejado de denunciar y enfrentarse a las desigualdades estructurales del proyecto capitalista imperialista y colonial que sacude el presente.

Desde Italia, **Sandro Mezzadra** retoma en el texto "Identidad, interseccionalidad y el enigma de la clase" los acalorados debates que tuvieron lugar entre un marxismo de corte economicista, centrado en la explotación, y la teoría de las opresiones múltiples que inician los feminismos negros. Mezzadra apela a la genealogía del concepto de interseccionalidad tal y cómo fue entendido desde diversos feminismos para los cuales dicho concepto permitía abordar el poder desde sus múltiples perspectivas -sin obviar la cuestión de clase-. Más allá de la interpretación jurídica de la interseccionalidad, Mezzadra retoma la idea de Angela Davis sobre la "interseccionalidad de las luchas" como posibilidad de articulación de un sujeto político plural y diverso. De este modo, su propuesta rompe con una idea simplista de las políticas identitarias y nos permite visualizar un futuro de luchas heterogéneas y antagonistas frente a un capitalismo patriarcal, racista y explotador.

Para finalizar la serie de artículos, la filósofa mexicana **Sayak Valencia** nos propone un texto sobre las "Gramáticas de las resistencias (trans)feministas: las militancias alegres y no esencialistas". En un contexto global que Valencia define como postdemocrático, en el cual asistimos a un "siniestro interminable", a un asedio cruel y necropolítico sobre los cuerpos feminizados, precarizados, cuerpos *queer*, disidentes y no normativos, la autora no deja de preguntarse sobre la posibilidad de re-encantar el espacio político desde militancias otras. La respuesta le encuentra en las luchas feministas, transfeministas, antirracistas, anticoloniales y antiespecistas. Para Valencia "el espíritu de nuestra época lo brindan las alianzas diversas de aquello que Gago denominó la potencia feminista".

Desde Argentina, **Luci Cavallero** y **Verónica Gago** nos envían la pregunta "¿Qué hacemos?" y nos proponen unas "tesis sobre la praxis política feminista en el laboratorio argentino de la ultraderecha". Con la coyuntura política que atraviesa el país austral de fondo, marcada por el ascenso al poder de Javier Milei, las autoras analizan en profundidad y desde varias perspectivas, las consecuencias sociales, económicas y culturales que está suponiendo un gobierno ultraliberal que evoca y practica la crueldad más absoluta -sin temer referenciarse en la dictadura-. Sin embargo, el análisis de Cavallero y Gago va más allá del contexto argentino, dándonos herramientas para abordar la reacción colonial-patriarcal de esta nueva fase del capitalismo caracterizada por una "guerra total".

Este Plural se cierra con una entrevista de **Paula Serna** e **Ira Hybris** a la académica y activista **Jasbir K. Puar** tras su paso por el Estado español. La posibilidad de un marxismo *queer* como herramienta crítica y política para enfrentar eso que Puar denomina como "homonacionalismo", es uno de los ejes fundamentales de esta conversación junto a la visibilización de las luchas *queer* y transfeministas en Palestina.

Esperamos que las discusiones que atraviesan estos textos ayuden a construir una mirada crítica capaz de hacerse cargo de la complejidad de la coyuntura actual, pues nos hallamos en un momento que requiere de una mirada renovada en lo teórico y generosa en lo político, más allá de cualquier marco eurocéntrico. Por un lado, necesitamos de un análisis crítico que permita desarrollar una mirada más integradora, algo que puede lograrse movilizando conceptualmente una "interseccionalidad antagónica" que nos permita comprender la explotación, el racismo y las opresiones patriarcales en su simultaneidad y conflictividad. Por otro lado, debemos esforzarnos en tender puentes entre la diversidad de sujetos que se enfrentan a la violencia del presente, construyendo desde los diferentes espacios de militancia hacia horizontes de convergencia y lucha que desborden el capitalismo racial, colonial y patriarcal que sacude el mundo.

Pero ¿cómo constituir ese sujeto diverso y antagonista? ¿Cómo alumbrar espacios mestizos de lucha y acción colectiva? ¿Y cómo hacerlo de manera honesta, sin atajos teóricos ni políticos? Partiendo de lo abigarrado de nuestra actualidad, marcada por el genocidio en Palestina y una renovación del trumpismo ¿cómo hacer fértil la diferencia y cómo estrechar alianzas entre las luchas del norte y el sur globales? ¿Cómo hacerlo también en el interior de nuestras ciudades -con sus centros, sus periferias y espacios de exclusión-? Si la generosidad es una de las palabras claves para este momento y para las tareas que tenemos por delante, la otra debe serlo la capacidad estratégica.

Los textos que dan vida a este Plural nos ofrecen pistas, huellas e itinerarios posibles para leer el presente con rigor y compromiso, tanto desde el Estado español como desde diferentes latitudes del mundo: Argentina, México, el norte de Marruecos, Italia, Estados Unidos. Al mismo tiempo, estos artículos nos invitan -con vigor y urgencia crítica- a ponernos en movimiento. Creemos que debemos considerarlos como el comienzo de una larga conversación, un diálogo (¿interseccional?, ¿entreverado o entramado?) que en realidad ya ha comenzado y debe continuar, ampliándose y convirtiéndose en un espacio de encuentro y discusión cada vez más plural (esa es nuestra esperanza). Sea como fuere, lo cierto es que afrontar el claroscuro de terrores en que se ha convertido el presente requiere de toda la inteligencia colectiva, de toda la solidaridad, capacidad de diálogo, construcción, lucha y afecto de los que seamos capaces. Nos jugamos un mundo.

1. MARXISMO, FEMINISMO Y DECOLONIALIDAD: UN CRUCE DE LUCHAS Y PERSPECTIVAS

De norte a sur, de este a oeste, las tierras robadas serán recuperadas cueste lo que cueste

Salma Am(a)zian

■ En la última visita de Jasbir K. Puar a España, durante su paso por Barcelona, dialogó con compañeras feministas antirracistas y palestinas. Explicó que ella, ahora mismo, se aferra (para mantenerse a flote en este contexto de desesperanza ante la barbarie imperial) a la apuesta de los colectivos *queer* palestinos: luchar por el territorio en el sentido más práctico y literal posible. Recuperar las tierras robadas, volver a cultivar los terrenos de nuestras ancestras, poner la vida en el centro. Yo me aferro a una imagen, la imagen de un verdadero *Wiñaypaqmi* (florecemos en *kichwa*): una grúa, una valla rota, los pueblos colonizados recobrando su libertad. Las feministas comunitarias y los/sus pueblos indígenas usan el concepto de florecer, florecemos. Florecer. Como florecieron todos los pueblos colonizados del mundo y sus diásporas con la imagen de una grúa y una valla rota, viendo a uno recobrar su libertad. Algo de la dignidad de todos se reconstruye, como pasó en 1804 en Haití o en El Rif en 1920. Esas montañas en las que nací y en las que se enterrarán todas las generaciones *amazian*, nazcan donde nazcan, hoy son escenario de múltiples violencias que quiero traer a este texto y este número de ***viento* sur** como urgencias y emergencias a atender desde este norte y estos sures en el norte.

Territorio-cuerpo-Rif

En el norte de Marruecos se encuentran las dos únicas fronteras europeas terrestres en territorio africano. Ambos territorios ilustran el ejemplo más claro de producción sistemática de vulnerabilidad diferencial hacia la muerte prematura (Gilmore, 2018). Una violencia que traza su continuidad en la época colonial. Melilla, en Guelaya, es un territorio que pudo ver florecer y, sin embargo, se quedó a medias hasta el punto de convertirse hoy en un espacio de muerte, especialmente para las personas negras que quieren pasar a Europa. Si no atendemos a las fronteras de los Estados nación y vemos los territorios de forma más orgánicas, Melilla-*mrich* forma parte del Rif. Cuando los españoles lanzaron *arrhash* (veneno) sobre el territorio-cuerpo de los rifeños se reveló una geografía de racismo y colonialidad donde el gas mostaza utilizado durante la Guerra del Rif convirtió esas montañas en zonas de sacrificio: territorios donde la población es considerada desechable. Desde entonces, las vidas de locales y de aquellos en tránsito valen menos. El gas iperita mató e imposibilitó cualquier crecimiento de vida durante años. Un verdadero ecocidio al que siguió un intento de quitarse de encima la población del territorio a través del castigo en forma de abandono institucional. No solo el Rif, también todas las zonas rurales -casualmente también amazigh y donde la resistencia anticolonial no se supeditó a una descolonización firmada con el colonizador y a una continuidad neocolonial gestionada por las clases dominantes indígenas en un Estado-nación pretendidamente árabe(izado) y eurocéntrico-. No en vano a todo este Marruecos Hasan II lo llamó "Marruecos inútil". La única solución que se dejó a toda esta población desechable fue *lanzarse al mar* esperando llegar a Europa. En el caso del Rif, esta toxicidad histórica permanece inscrita en los altos índices de cáncer entre la población rifeña y sus descendientes, y en las actuales políticas fronterizas que reproducen una *racialización institucionalizada* que determina qué vidas son prescindibles, evidenciada en la muerte sistemática de personas africanas en su tránsito hacia Europa.

Otra forma clave de quitársenos de encima es a través de la desposesión territorial. La implementación de monocultivos intensivos para el mercado europeo ha provocado que las comunidades locales sean despojadas de sus medios tradicionales de subsistencia y forzadas a integrarse en circuitos de trabajo precario, explotación y expulsión de sus territorios (El Kahlaoui, 2024). Las empresas agroindustriales españolas operan mediante un proceso deliberado de destrucción de infraestructuras sociales y económicas locales.

Geografías raciales del capitalismo, espacios donde la acumulación de capital depende de la producción y mantenimiento de desigualdades racializadas

Estas estrategias contemporáneas de expulsión y control poblacional se inscriben en una larga genealogía de violencia colonial. La retórica del *Marruecos inútil* de Hassan II refleja lo que Wilson Gilmore denomina geografías raciales del capitalismo, espacios donde la acumulación de capital depende de la producción y mantenimiento de desigualdades racializadas. Estas políticas de marginalización territorial van acompañadas de una ingeniería social que busca desarraigar a las poblaciones consideradas problemáticas. El norte de Marruecos, nuestro Rif, aunque no solo, es una de las zonas de producción alimentaria para el norte global con empresas españolas explotando las tierras (y las personas) para llevarse los aguacates, las sandías, los frutos rojos... Esta cuestión es clave para la acumulación por desposesión neocolonial, donde la violencia histórica se actualiza. Este entramado de violencia estructural se inscribe en un sistema que incluye no solo las vallas, los disparos, las fosas, las concertinas y los centros de detención, sino también las políticas agrarias, laborales y migratorias que producen sistemáticamente precariedad y muerte. Marruecos, además, está considerado uno de los grandes productores mundiales de fosfato. En 2017, fue el tercer mayor productor de fosfatos en el mundo, gran parte del cual producido en tierras ocupadas del Sahara Occidental (Hamouchene, 2022), otro espacio de ocupación colonial y violencia.

En esta línea hay que entender la intensificación del control estatal con motivo del Mundial de Futbol de 2030 que está generando nuevas formas de muerte social para las economías informales que tradicionalmente han sostenido la vida en la región. Estas transformaciones representan una forma de violencia burocrática que, bajo el pretexto de la *modernización* y la *formalización*, criminaliza y erradica las estrategias de supervivencia que las familias han desarrollado durante generaciones. La persecución de vendedoras ambulantes en las playas, por ejemplo, ilustra una racionalidad colonial que privilegia los intereses del capital turístico internacional sobre las formas de vida locales. La apuesta por una economía turística *moderna y regulada* representa una nueva forma de extractivismo que no solo se apropia de recursos naturales, sino también de espacios sociales y prácticas culturales. La institucionalización forzada representa una nueva fase en la domesticación colonial de los espacios y de las formas de vida de quienes los habitan. La sustitución de vendedoras ambulantes por chiringuitos con licencia no solo empobrece materialmente a las familias que dependían de estas actividades, sino que destruye formas de conocimiento, autonomía económica y poder social que las mujeres han construido y mantenido durante generaciones. La formalización forzosa del sector turístico se convierte así en un mecanismo de acumulación por desposesión donde la pérdida de autonomía económica de las mujeres va acompañada de nuevas formas de dependencia y precariedad.

Durante la época colonial, el Estado estableció un monopolio sobre la definición de los derechos de propiedad para debilitar las prácticas de gestión de la propiedad comunal

No obstante, todo ello no pasa sin la resistencia al despojo de las comunidades afectadas, una resistencia que es también de largo recorrido. La introducción de la propiedad privada durante la era colonial, la privatización de tierras comunales, los esfuerzos por promover la urbanización moderna y la continuación de todos estos procesos por el Estado pos(neo) colonial han generado una gran resistencia en forma de ocupaciones, sabotajes y articulación comunitaria. Durante la época colonial, el Estado estableció un monopolio sobre la definición de los derechos de propiedad para debilitar las prácticas de gestión de la propiedad comunal. Sin embargo, a pesar de la independencia del país, el marco legal que rige la propiedad permaneció sin cambios justificado por la necesidad de modernizar las estructuras económicas del país (El Kahlaoui, 2024).

Este modelo colonial-extractivista provoca explotación y condiciones laborales precarias y, en última instancia, expulsión de población que se ve obligada a arriesgar su vida para llegar a Europa. Por lo tanto, la actual necropolítica fronteriza representa la continuidad de un proyecto colonial que, lejos de haber terminado, se ha reconfigurado bajo nuevas formas de gobierno racial, donde la muerte de ciertos grupos se naturaliza como parte del funcionamiento normal del sistema global. No obstante, ¿qué da legitimidad a este sistema? A continuación, voy a presentar algunas pinceladas del régimen de saber y de marco de sentido que, bajo mi punto de vista, legitima *este estado de las cosas*: la islamofobia como forma de gobernanza global y la deshumanización del hombre musulmán como eje estructurador del marco de sentido de las políticas civilizatorias e imperiales actuales, también las que se presentan bajo el velo feminista **1/**.

Sobre las espaldas de las y los musulmanes

En la configuración del Estado moderno español, se da un proceso complejo que va más allá de la mera construcción de una identidad nacional basada en la blanquitud. Desde una perspectiva decolonial, es crucial reconocer que esta formación estatal también se cimentó en una visión cristianocéntrica, donde el sentimiento antimusulmán jugó un papel fundamental. Esta característica distintiva implica que la islamofobia no es un fenómeno reciente en España, sino que está arraigada en los propios orígenes del Estado (lo cual incluye sus estructuras y sus instituciones). Actualmente, como forma de continuidad y materialización de este *sentimiento*, el discurso sobre el terrorismo funciona como una tecnología de poder que permite criminalizar y reprimir todo aquello que queda en la periferia de aquello que sí es español, verdaderamente español, la mejor forma de ser español. No obstante, históricamente este discurso ha servido para criminalizar formas de resistencia anticolonial y luchas campesinas. La etiqueta de terrorismo ha sido aplicada de manera selectiva y con un claro sesgo hacia la protección de intereses hegemónicos del Norte Global, no solo en el contexto español, sino en todas las potencias coloniales y neocoloniales, incluido Estados Unidos e Israel (o sobre todo Estados Unidos e Israel). Las expertas en estudios críticos de seguridad lo señalan claramente: las ideas sobre terrorismo occidentales nacen, crecen y

1/ Notemos que hay un proceso paulatino por el que estos marroquíes que en discurso institucional de la España de los años 70-80 eran trabajadores migrantes pasaron a ser musulmanes a medida que se empezó a problematizar su-nuestra presencia en este territorio. No obstante, musulmanes siempre fuimos y la islamofobia siempre ha estructurado el Estado-nación español, ya que este concepto, como el racismo, no identifica ni describe a quien lo padece, sino a quien lo ejerce: en este caso el Estado y sus dispositivos. Además, parece haber una islamofobia inherente a la identidad blanca ibérica, donde el *otro musulmán* suele ser identificado con la figura del marroquí, debido a la historia colonial entre España y Marruecos. Esto contrasta con la presencia de otros grupos musulmanes, como los provenientes de Senegal-Gambia, Bangladesh o Pakistán.

se desarrollan con el nacimiento del proyecto de ocupación israelí y en los espacios de producción de conocimiento para esta empresa imperial en Estados Unidos. Volviendo a nuestro territorio, este proceso permite justificar la militarización de territorios y la represión de movimientos sociales bajo el pretexto de la *seguridad nacional* a los dos lados de la valla de Melilla **2/** y especialmente a aquellos cuerpos identificados como musulmanes en el imaginario racial ibérico.

Las ideas sobre terrorismo occidentales nacen, crecen y se desarrollan con el nacimiento del proyecto de ocupación israelí

Siguiendo el análisis de Salman Sayyid sobre la construcción de lo musulmán como categoría política de gobernanza, la securitización de la sociedad española y europea se articula fundamentalmente a través de la figura del *hombre moro-musulmán* como amenaza. Esta construcción del sujeto musulmán como inherentemente peligroso no es nueva, sino que bebe de estructuras profundas de la islamofobia como forma de racismo que fueron fundamentales en la construcción misma de la identidad española y del proyecto de Estado-nación español. La figura actual del *hombre con barba radical(izado)* representa una nueva articulación de antiguas geografías raciales que determinan quién puede moverse y quién debe ser contenido o eliminado. El Estado español continúa definiendo su identidad, sus dispositivos y sus fronteras en oposición al *moro*, una figura que ha evolucionado desde el *infiel* medieval hasta el actual *potencial yihadista*. Esta evolución, sin embargo, mantiene una continuidad en la lógica colonial de deshumanización y control (Amazian y Douhaibi, 2019). La transformación del migrante norteafricano en potencial terrorista representa una reconfiguración de antiguos miedos raciales para justificar nuevas formas de violencia estatal.

La producción del *musulmán peligroso* como figura central de la amenaza social y política desvía la atención de las contradicciones estructurales hacia un *enemigo* racializado. Esta construcción del musulmán como *otro* amenazante permite justificar estados de excepción permanente en ciertos territorios y poblaciones gracias a la expansión del Estado penal y policial con la ampliación de las conductas consideradas terrorismo (o su enaltecimiento), el fortalecimiento de los cuerpos de seguridad o la llamada a la prevención securitaria de agentes sociales, educativos y comunitarios.

Las prácticas de vigilancia y control estatal se extienden más allá del individuo, afectando el tejido social de estas comunidades y los barrios en los que viven. Las intervenciones policiales en espacios públicos, como las detenciones efectuadas durante actividades cotidianas (por ejemplo, al llevar a los niños y niñas al colegio), representan una forma de violencia simbólica que trasciende a la persona

2/ Recordemos aquí el asesinato a manos de la policía marroquí y española de más de 70 hombres africanos, en su mayoría sudaneses en búsqueda de asilo político, en la frontera melillense el 24 de junio de 2022.

y permea en la experiencia colectiva e intergeneracional. Estos actos, al realizarse en contextos comunitarios, no solo criminalizan al sujeto específico, sino que estigmatizan a la comunidad en su conjunto, generando un clima de sospecha y temor generalizado. La mediatización de estas intervenciones, con los medios de comunicación actuando como amplificadores de la narrativa policial, contribuye a la reproducción y normalización de esta violencia. Este fenómeno crea una percepción pública en la que las comunidades musulmanas son potenciales amenazas, perpetuando así un ciclo de estigmatización y marginalización que actualiza los imaginarios históricos.

No obstante, es importante atender a quien se vigila. *Comunidades* es demasiado vago. Hay que decir y repetir que a quien el Estado español tiene en el punto de mira es a los hombres musulmanes. Y, dada la propuesta de este número de la revista, hay que atender a una cuestión urgente: qué lugar han tenido estos hombres musulmanes en los proyectos políticos de los feminismos en el contexto español y, más allá de los feminismos, en cualquier proyecto político que se haya pretendido de izquierdas. Ninguno. A lo sumo, se encuentra alguna proclama sobre la niñez o las infancias migrantes que reproduce la idea de la inocencia infantil. Sin embargo, ¿qué sucede con los adultos? Especialmente cuando llevan barba y rezan cinco veces al día, el sentido común español activa automáticamente sus prejuicios sobre el machismo.

Esto es grave por muchos motivos, pero sobre todo porque en este marco de la denominada *lucha antiterrorista,* el Estado ha desarrollado un sofisticado aparato de vigilancia y control que encuentra su legitimación, entre otros elementos, en la instrumentalización de los derechos de las mujeres. Este fenómeno se materializa en una extensa producción documental generada por expertos, fuerzas policiales y autoridades judiciales, donde el discurso de la protección de los derechos de las mujeres sirve como justificación para la implementación de mecanismos de vigilancia, detención y aplicación de protocolos que evidencian sesgos racistas sistemáticos.

El discurso antiterrorista opera mediante la construcción de oposiciones binarias que no solo contraponen diferentes modelos de masculinidad, sino que utilizan los derechos de las mujeres como marcador de civilización. La noción de peligrosidad que sustenta estas políticas se construye mediante la intersección de múltiples marcadores. La identificación del islam como factor de riesgo opera como un marcador racial que determina qué sujetos son considerados potencialmente peligrosos y se entrelaza con construcciones específicas de género, donde la masculinidad musulmana se presenta como inherentemente amenazante (Khalid, 2011). No es algo nuevo tampoco, ni siquiera en su forma actual. Esta imagen se puede trazar desde la propaganda antiislam medievales hasta Palestina, pasando por Guantánamo y la *banlieue* de Paris. A estos marcadores hay que sumar la clase social y el estatus migratorio de aquellos desplazados y desposeídos a ambos lados de la valla.

En este contexto, el Estado se posiciona estratégicamente como garante y protector de los derechos de las mujeres, utilizando esta narrativa para implementar y justificar mecanismos de vigilancia selectiva sobre comunidades musulmanas. El feminismo civilizatorio e imperial se ha sumado, o más bien, ha tenido en su agenda, la re-producción de estos relatos que emergen de la colonialidad y el racismo. El feminismo occidental hegemónico o la idea del feminismo blanco, como ideología y como proyecto político, ha estado impregnada desde su origen de ideas coloniales. En este feminismo, la cuestión del islam es siempre central desde sus representantes francesas, analizadas por François Vergés en *Un féminisme décolonial* (La Fabrique, 2019), las estadounidenses, señaladas por Rafia Zakaria en *Against White Feminism* (DK, 2021), hasta las declinaciones patrias en forma de Amelia Valcárcel o Celia Amorós. Actualmente, cada vez vemos más voces que alertan de la derechización de los consensos sociales basada en la crítica a las políticas de género y feministas y de ampliación de derechos a las disidencias sexo-genéricas. A menudo, esta alerta incide de forma velada en el señalamiento a determinados colectivos, racializados (a veces sin nombrarlo, para *no ser o parecer racistas*). Se hacen análisis basados solo en el género y la sexualidad, sin un reconocimiento de las continuidades coloniales en las políticas contemporáneas y de la necesidad de construir respuestas que articulen efectivamente la lucha por los derechos de las mujeres con la resistencia al racismo institucional y la violencia estatal. En el mejor de los casos, las mujeres y comunidades migrantes y racializadas somos un apéndice, una nota al pie de discursos y prácticas que creen que por añadir "ah, y también las temporeras marroquíes" es suficiente. No es suficiente.

El feminismo civilizatorio e imperial se ha sumado, o más bien, ha tenido en su agenda, la re-producción de estos relatos que emergen de la colonialidad y el racismo

Es verdad que la creciente derechización del panorama político español, y seguramente global, ha tenido un impacto significativo en las comunidades que resisten al racismo; es algo sabido y contestado por quienes resistimos también a esos procesos dentro de nuestras comunidades. Las fuerzas políticas de derechas utilizan estratégicamente a ciertos sectores de las comunidades racializadas para legitimar discursos antiderechos LGTBIQ+ y antifeministas. Esta instrumentalización se produce mediante la exaltación de supuestos valores tradicionales presuntamente compartidos y la presentación de estas comunidades como *naturalmente conservadoras*. La realidad es que esas imágenes son solo la deformación colonial donde se encapsula esas comunidades.

La derechización política y social ha logrado influenciar a sectores donde han ganado peso ciertas interpretaciones que, a la espera de un término mejor, podemos nombrar como ultraconservadoras del islam. Estos sectores manipulan esta situación, alimentando la idea de que esta comunalidad está en peligro por culpa de los feminismos y de las disidencias sexoafectivas. Hay que tener en cuenta que aquello que a menudo identificamos como *musulmanes* es heterogéneo y no representa un bloque monolítico, y que el racismo/islamofobia institucional y estructural que les/nos afecta favorece que estos discursos ultraconservadores rellenen ciertos vacíos que, como decía, los proyectos políticos que se han presentado como de izquierdas o feministas, no han conseguido llenar ni aquí ni al otro lado de la valla. En un contexto de hostilidad racista, asistimos a procesos de atrincheramiento identitario alrededor de aquello que identificamos como *esencialmente nosotros/as* que, paradójicamente, coincide con el imaginario que el orden colonial ha construido sobre nosotros/as. Es decir, al intentar afirmarnos nos sumamos a la negación/anulación de nosotros mismos. Es importante analizar esta situación para imaginar políticas que no refuercen aún más las estructuras de poder de clase, raciales, patriarcales y heteronormativas.

En un contexto de hostilidad racista, asistimos a procesos de atrincheramiento identitario alrededor de aquello que identificamos como *esencialmente nosotros/as* que, paradójicamente, coincide con el imaginario que el orden colonial ha construido sobre nosotros/as

Al igual que pensar y, sobre todo, practicar unos feminismos que dejen de pretender salvar a las mujeres musulmanas, reproduciendo narrativas coloniales que presentan al islam y a los hombres musulmanes como inherentemente opresores. Especialmente cuando, como estamos viendo, esta retórica solo contribuye a legitimar el Estado securitario. Ninguna mujer musulmana, nunca, en ningún lugar, ha sido salvada por una feminista blanca. Jamás. A quienes sí salva el feminismo blanco islamófobo es a los hombres blancos machistas. La figura del hombre árabe se construye como el arquetipo del patriarcado extranjero, más peligroso y menos *reformable* que el machismo local. Esta caracterización sirve para desviar la atención de las estructuras patriarcales propias y crear un *otro* contra el cual definirse. Las feministas que adoptan esta perspectiva, consciente o inconscientemente, terminan legitimando el racismo y el patriarcado.

En el último año, en los encuentros con espacios feministas y antirracistas en el Estado español, solo me surge preguntar: ¿Qué hay de civilizatorio en tu feminismo cuando tardaste semanas en pedir un *alto el fuego en Gaza* y solo dos segundos en condenar el 7 de octubre? ¿Qué hay de civilizatorio en tu feminismo cuando sigues diciendo que el tema es complejo, que hay que tener en cuenta la gran diversidad de posiciones políticas en Palestina, que Hamás no representa a las y los palestinos, que la resistencia armada no es el camino? ¿Qué hay de civilizatorio en tu feminismo cuando cuentas mujeres y niños y dejas de lado a los cientos de miles de hombres brutalizados por Israel? Solo cuando cada espacio político de este territorio pueda extirpar estas ideas y dudas de sus entrañas, algo se podrá empezar a mover.

Para concluir, en este texto he querido mostrar cómo la violencia colonial ha convertido los territorios, los cuerpos y las vidas de quienes venimos de territorios colonizados en espacio de explotación y muerte prematura. Me he centrado en como el imaginario sobre el hombre musulmán condensa el discurso imperial-colonial que posibilita y re-produce el orden racial y permite procesos de extractivismo y acumulación. La islamofobia contemporánea funciona así como una tecnología de gobierno que no solo legitima la violencia fronteriza, sino que también estructura las relaciones sociales y económicas dentro del territorio español, determinando quién puede acceder a derechos, recursos, movilidad, etc. Esta securitización generalizada de la sociedad, fundamentada en el miedo al hombre musulmán, produce espacios de muerte social: zonas donde ciertas poblaciones son despojadas de derechos y dignidad mucho antes de su muerte física. Urge pensar y accionar para desmantelar las condiciones de posibilidad de todo este entramado de muerte.

Y que Allah les perdone, porque nosotras no podemos.

Salma Am(a)zian es militante antirracista y decolonial,
antropóloga e investigadora sobre la securitización de
las vidas musulmanas en el Estado español.

Referencias

Amazian, Salma y Douhaibi, Ainhoa (2019) *La radicalización del racismo. Islamofobia de Estado y prevención antiterrorista.* Oviedo: Editorial Cambalache.

Cladera, Daniela “12 octubre: Wiñaypaqmi, florecemos” *El Salto diario.* Blog: “1492. Hacia un antirracismo político” (12 de octubre).

El Kahlaoui, Soraya (2024) “Claiming Democracy and Environmental Justice at the Margins: Land Rights and Urban Informality as Sites of Mobilization in Morocco” *Middle East Critique,* https://www.tandfonline.com/doi/full/10.1080/19436149.2024.2398298

Gilmore, Ruth W. (2018) “Geografía abolicionista y el problema de la inocencia”. *Tabula rasa,* (28), 57-77.

Hamouchene, Hamza (2022) “Extractivism and Resistance in North Africa”, en Zak Cope y Immanuel Ness (eds), *The Oxford Handbook of Economic Imperi alism* (2022; *online,* Oxford Academic, 14/02/2022), https://doi.org/10.1093/oxfordhb/9780197527085.013.36

Sayyid, Salman (2015) *A fundamental fear: Eurocentrism and the emergence of Islamism.* Bloomsbury Publishing.

Khalid, Maryam (2011) “Gender, orientalism and representations of the ‘Other’ in the War on Terror”. *Global Change, Peace & Security,* 23 (1), 15-29. https://doi.org/10.1080/14781158.2011.540092

2. MARXISMO, FEMINISMO Y DECOLONIALIDAD: UN CRUCE DE LUCHAS Y PERSPECTIVAS

Fanon, Shariati y el islam como fuerza revolucionaria

Helios F. Garcés

"...donde la rebelión era inmediatamente imposible,
la gente se preparaba mediante la obeah,
el vudú, el islam y el cristianismo negro.
Así crecían expectativas carismáticas, socializando y
fortaleciendo a los adultos y a los jóvenes
con creencias, mitos y visiones mesiánicas que
les permitirían, algún día, intentar lo imposible..."
(Robinson, 2018: 519)

■ En el ensayo *Fanon, Shariati et la question de la religion: cinquante ans après* (2016), la socióloga Sara Shariati recupera la perspectiva del historiador Mohammad Harbi, antiguo miembro del FLN argelino y compañero del legendario psiquiatra, intelectual y militante revolucionario anticolonial Frantz Ibrahim Fanon. Según Harbi, Fanon subestimó el papel fundamental que la espiritualidad islámica cumplió en la lucha del pueblo argelino por su liberación frente a la colonización francesa. De manera similar, en su *Islam: The Elephant in Fanon's The Wretched of the Earth* [Islam: el elefante en Los condenados de la Tierra de Fanon] (2008), el autor Fouzi Slisli sostiene que, en *Los condenados de la tierra,* Frantz Fanon obvia que parte vital de lo que describe como la tendencia revolucionaria de las masas campesinas del Tercer Mundo presentes en Argelia no surgen de forma espontánea. Slisli mantiene que, como el propio Fanon sabe, esta capacidad organizativa de las rebeliones campesinas en el Norte de África y en el resto del Tercer Mundo musulmán se articuló desde los tejidos sociales y culturales del islam.

Contra el dios del capital

Es decir, Frantz Fanon señala y exalta una atmósfera anticolonial sostenida desde siglos por asociaciones de estudiantes musulmanes, líderes espirituales, mezquitas de base, hermandades sufíes, etcétera, al mismo tiempo que evita nombrar el elemento islámico en juego. Sin embargo, una vez revisada seriamente la historia, lo cierto es que, a través de metodologías no violentas, de múltiples estrategias de boicot y resistencia, y también a través de la lucha armada, la constelación de figuras religiosas de los últimos siglos ligadas a las luchas de liberación del mundo musulmán contra la opresión colonial y el imperio es extensa. Líderes como Emir Abdel Qader o Lalla Fatma N'Soumer en Argelia, Muhammad Ali al Sanusi u Omar Mokhtar en Libia, Begum Hazrat Mahal o Abadi Bano Begumen en India, Hayy 'Umar Tall, Ibrahim Niasse o Ahmadou Bamba en Senegal, 'Izz ad Dîn al Qassam en Palestina, Muhammad Abdullâh Hassan en Somalia, Imam Haron en Sudáfrica, Abdel Krim El Jattabi en el Rif, Bibi Titi Mohammed en Tanzania, etc., son sólo algunos de ellos y ellas.

Me pregunto si de haber podido seguir dialogando con gente como Ali Shariati, Ahmed Sekou Touré o con el mismo Harbi, Frantz Fanon habría terminado por reconocer en sus escritos públicos lo que afirmó en su correspondencia privada: que el islam no sólo fue fundamental en la revolución argelina, sino en la lucha contra el imperio de todo el Tercer Mundo. Paradójicamente, aunque no lo pretendiera, al adoptar esta posición ambigua frente al papel de la religiosidad en la revolución se convirtió en un puente. Fanon fue todo menos un marxista eurocéntrico. No miraba a las y los musulmanes con condescendencia ni subestimaba el poder social, cultural y psicoemocional de sus tradiciones espirituales. A menudo, el pensamiento de Frantz Fanon ha tratado de hacerse más digerible para cierta izquierda que, pretendiéndose antimperialista, sigue siendo profundamente eurocéntrica y para una Academia que ha convertido su legado en un fetiche intelectual. Pero su sano escepticismo ante la reactivación de la religiosidad como elemento revolucionario en la lucha de liberación de los pueblos colonizados tenía su razón de ser. De hecho, un musulmán como Ali Shariati, que tradujo al mismo tiempo al propio Fanon o al Che Guevara al persa, le había dado la razón:

El islam no sólo fue fundamental en la revolución argelina, sino en la lucha contra el imperio de todo el Tercer Mundo

> "Estas personas, es decir, aquellos que son antirreligiosos, están en lo correcto. Es cierto que la religión es el opio de las masas del pueblo, para que el pueblo se rinda a su abyección, a sus dificultades, a su miseria y a su ignorancia, para que se rinda a la situación estática que está obligado a afrontar, para que se rinda al vergonzoso destino que ellos y sus antepasados se vieron obligados a aceptar y sigan consintiendo una rendición interior, ideológica" (Shariati, 1988: 36).

Con estas palabras, Ali Shariati se refería a lo que llamó la religión del *statu quo*. Su tesis, expuesta en su histórica conferencia convertida en ensayo, *Religion vs. Religion*, era clara. La religiosidad que se define en la negación de los conflictos y problemas materiales o en la sublimación abstracta de los mismos a través del compromiso con la agenda del imperio es pura alienación: religión institucional. En cambio, si es un motor que, fiel a la crítica de los profetas frente a los poderes del momento, pone en marcha una ética y una política de la liberación para las y los oprimidos, hablamos entonces de una espiritualidad instituyente y revolucionaria. Negando esta confrontación dialéctica entre dos maneras de comprender el hecho religioso, la izquierda suele entregar la interpretación de la dimensión espiritual a la reacción, lo cual alberga consecuencias políticas de importancia.

Negando esta confrontación dialéctica entre dos maneras de comprender el hecho religioso, la izquierda suele entregar la interpretación de la dimensión espiritual a la reacción

Tal y como la antropóloga comunista Leila Ghanem afirma en *El Islam y el marxismo* (2023), si los marxistas convencionales tienen problemas para interpretar las formas por medio de las que la organización de la resistencia antimperialista y anticolonial se produce en territorios como el Líbano, Palestina, Yemen, etc., es, en gran medida, a causa de la herencia ilustrada de sus ideas antireligiosas. Paradójicamente, esta ceguera dogmática les impide realizar correctamente la crítica de la religión del *statu quo*, señalada por Shariati. Esta izquierda, como dejó dicho el filósofo marxista Enrique Dussel, subestima el potencial revolucionario existente en la dimensión mítico-religiosa de los imaginarios populares del Tercer Mundo, una de las claves que explican su incapacidad para comprender la forma en la que la mentalidad colonial empaña sus proyectos de liberación.

No obstante, podríamos ir más allá. Podríamos afirmar que esta izquierda ha subestimado el potencial político de la dimensión mítico-religiosa que sigue latiendo en sus propias clases trabajadoras, cuyos segmentos más oprimidos sobreviven hoy en las periferias de las ciudades, precisamente junto a las diásporas migrantes de las excolonias del Sur Global. De esta manera, la izquierda le ha entregado a la reacción y al proyecto neoliberal –dos caras de la misma moneda– campos simbólico-políticos que siguen demostrando su vitalidad. A través de la reapropiación ultraconservadora de estos campos culturales, saberes y tradiciones de consciencia, se asienta parte del éxito ideológico del proyecto de dominación del neoliberalismo. La reacción instrumentaliza esta realidad a su favor para capturar el imaginario de quienes siguen encontrando en diferentes formas de religiosidad un método para fortalecerse y organizarse ante la realidad aplastante de la explotación, el abandono programado y lo que Ruth Wilson Gilmore llama la "muerte prematura" de sus comunidades.

Lo que Palestina enseña al mundo

Nos encontramos ante un momento clave de rearme para el que, a día de hoy, sigue siendo el imperio de nuestro tiempo. De ahí la intensificación de la violencia colonial genocida que se ceba con el pueblo de Palestina, o con los pueblos de Sudán y el Congo. Junto al rearme imperialista del bloque hegemónico, podemos comprobar cómo pueblos como los de Malí, Níger, Burkina Faso, Senegal, Haití, etc., luchan por su autodeterminación frente a la escandalosa hipocresía neocolonial de la comunidad internacional mientras sus luchas son invisibilizadas e infantilizadas o directamente demonizadas.

En todos los casos mencionados, el nexo entre los proyectos de liberación anticolonial de estos pueblos y sus espiritualidades comunales es tan antiguo como su propia tradición de resistencia frente a la colonización. En lo que respecta al impulso islámico de una parte extremadamente importante de la resistencia palestina, este resulta ser el factor clave por medio del que la entidad sionista demoniza la negativa de su población indígena a aceptar la ocupación, la colonización, el *apartheid*, la expulsión y el genocidio desde hace más de 76 años. Así, el caldo de la islamofobia occidental sirve a los colonos sionistas y al liderazgo norteamericano y europeo para distorsionar cualquier articulación posible de la resistencia palestina –se autodefina como islámica o no– y convertirla, junto a toda su población civil, en población eliminable ante la mirada internacional. Sin embargo, esta brutal operación de supremacismo blanco no representa un fenómeno nuevo.

A lo largo de su obra, Frantz Fanon aborda cómo el proyecto colonial clásico trata de destruir la fibra moral, cultural y psicosocial del pueblo colonizado. ¿Cómo? Negando al colonizado y, al mismo tiempo, reconstruyendo imágenes burdas y fetiches a través de los que dominar no sólo el territorio ancestral del colonizado, sino la relación simbólica de la población europea con la población indígena y la relación psíquica y corporal del colonizado consigo mismo. El proyecto colonial –y eso es, al fin y al cabo, el sionismo– intenta patologizar por todos los medios la cultura y cosmovisión del pueblo colonizado. Pero al hacerlo revela que su proyecto es también y ante todo un proyecto civilizatorio. Es decir, el colono roba, explota, oprime y desposee al indígena internándose al mismo tiempo en su vida psíquica, en sus relaciones familiares, en su sexualidad, en sus deseos, en sus sueños, en sus roles de género, en su tradición espiritual, etc. El colono se interna en todo ello trastocándolo, con el deseo de confirmar sus supuestos raquíticos sobre la falsa superioridad de la cultura colonial frente a la cultura del pueblo colonizado. Y lo hace con el deseo de reafirmar los sentimientos de inferioridad que, al calor de los efectos devastadores de la relación colonial, nacen en la sociedad dominada, confirmando que el destino ineludible de los pueblos oscuros es someterse al imperio.

En el prefacio al libro *The Palestine Sermons* (2024), del imán Khaled Abou El Fadl, la pensadora e investigadora musulmana Farah El-Sharif afirma lo siguiente:

"pocas palabras pueden captar la magnitud del sufrimiento humano en Gaza, el mayor matadero de niños de la historia moderna. El horror se retransmite a diario en nuestros teléfonos. El pueblo palestino -brutalizado, hambriento, exhausto, sin extremidades y huérfano bajo las bombas en tiendas improvisadas- resiste con cada aliento, enfrentándose solo a una superpotencia nuclear".

Pocas palabras pueden captar la magnitud del sufrimiento humano en Gaza, el mayor matadero de niños de la historia moderna. El horror se retransmite a diario en nuestros teléfonos

Lamentablemente, poco más se puede añadir sobre lo que supone una guerra de extermino como la que el Ejército sionista libra contra la población palestina de Gaza desde octubre de 2023. Sin embargo, tal y como también indica en sus palabras El Sharif, Palestina se resiste a doblegarse ante la falsa deidad de la supremacía blanca, ante cuyo altar se la está sacrificando. Ni siquiera en los momentos actuales, en los que el proyecto sionista lleva hasta sus últimas consecuencias su razón de ser a través de su guerra genocida, el pueblo palestino se rinde ante esta histórica injusticia por medio de la que se le intenta despojar de su dignidad desde antes de 1948.

Para Fanon, descolonización material y descolonización psíquica son dos dimensiones inseparables de la lucha de los pueblos por alcanzar su liberación. Por lo tanto, su viaje analítico de ida y vuelta al servicio de la descolonización gira, por una parte, en torno al diagnóstico sobre la atrofia cultural de la que los pueblos colonizados son rehenes mientras aceptan la relación de dominio colonial a la que son sometidos. Por otra, y esto es lo que nos está demostrando el pueblo palestino en estos precisos momentos, versa en torno a la constatación de que, una vez estos pueblos se rebelan ante el oprobio, la liberación de la energía creativa y psíquica de sus comunidades acompaña a los esfuerzos por la liberación física, material y territorial de la lucha anticolonial. Esta onda expansiva alcanza incluso el corazón del sistema de pensamiento del colonizador.

A pesar del enorme sufrimiento y de las pérdidas incalculables, la lucha de la resistencia palestina está desenmascarando como nunca antes al sionismo en su papel de punta de lanza de todo un sistema capitalista del que formamos parte y que sigue sustentándose sobre el imperio, la colonización y, por lo tanto, la deshumanización brutal y el exterminio de pueblos enteros. He aquí los límites de Fanon al no poder reconocer el papel que la espiritualidad, en este caso islámica, cumple en la liberación de esa energía psíquica a través de la que el sueño del colonizador se viene definitivamente abajo, aunque perdure su guerra. Repito: ante la negativa del pueblo oprimido a abandonar su territorio y lucha de liberación, la falacia imperial del colonizador, por muy poderoso que sea su Ejército y su apoyo financiero, se viene abajo, quedando desnuda su grotesca monstruosidad. Ante esta realidad ya no hay vuelta atrás. El colonizador, que había erigido su frágil identidad nacional sobre un relato retorcido, amañado y neurótico de la realidad, se ve confrontado a la luz del día y moralmente desarmado en su pretensión de impunidad absoluta. Como apuntaba anteriormente, ya no hay vuelta atrás.

En la sura coránica de *La historia*, el profeta Mûsa (Moisés) y su hermano Harûn (Arón) se enfrentan al imperio tiránico del faraón egipcio, gran emperador del momento, contra el pueblo judío. A pesar de la extraordinaria diferencia de poder, una vez confrontado sin miedo, el sustento ideológico que cimienta el poder del faraón queda finalmente expuesto: "Entonces el faraón dijo: '¡Oh dignatarios! ¡No sabía que pudierais tener otro dios que yo!'" (28:38). El sistema del faraón exige el sometimiento de los pueblos, ya que este se percibe a sí mismo como un dios ante al que hay que rendirse y al que adorar. Su miedo ante el desafío de Mûsa y Harûn es pura justicia. Su falsa divinidad queda expuesta. Como efecto de ello, el fundamento de su imperio comienza a desmoronarse. Mûsa y Harûn desafían la injusticia del faraón como la resistencia palestina desafía y combate la injusticia del proyecto sionista, proyecto colonial de asentamiento y exterminio.

Mucho menos prudente que Frantz Fanon, el gran revolucionario Mirsaid Sultan Galíev afirmaba que el islam, a causa de las circunstancias históricas atravesadas por los pueblos musulmanes que han sido oprimidos durante siglos, estaba irremediablemente ligado a la solidaridad de los pueblos y a sus deseos de emancipación. La época que le tocó vivir a Galíev era significativamente diferente a la nuestra, ya que como Farah El-Sharif advierte:

"...hoy vemos a gobernantes musulmanes impotentes y con los labios apretados que observan ociosamente el río de sangre que fluye desde Gaza. Vemos a eruditos comprometidos que traicionan el mandato coránico de justicia y agachan la cabeza humillados y temerosos ante los poderes mundanos. Salvo unos pocos, la mayoría de los gobernantes y las élites académicas musulmanas han optado por la autopreservación y el silencio. El río de sangre en Gaza es también un río de traición y colusión. Con líderes como estos, no es de extrañar que el mundo musulmán se encuentre en el lamentable estado en que se encuentra hoy" (El-Sharif, 2024).

Pero no debemos dejarnos engañar. En realidad, Galíev, como gran ejemplo del ánimo instrumental que a menudo ha movido al campo de la izquierda convencional en su relación con la cultura de los pueblos oprimidos, no pretendía favorecer hermenéuticas emancipatorias de la espiritualidad islámica. En todo caso, *La Yihad Roja* (2023) de Sultán Galíev formaba parte de una estrategia a través de la cual favorecer, sin confrontar a los musulmanes, toda dinámica social y política que hiciera desaparecer al islam como tradición espiritual y, en todo caso, pervivir como poso cultural. Es en ese poso cultural en el que, según la perspectiva de Galiev, existía un potencial revolucionario. La izquierda occidental lo celebra. A tenor de una comprensión ortodoxa del materialismo dialéctico, Sultan Galíev trataba de "desespiritualizar" y "marxificar" el islam (Ghanem, 2023). Es decir, Galíev, tampoco llegó a comprender que, desde el punto de vista de los musulmanes y musulmanas revolucionarias, es precisamente el componente espiritual, una vez libre de alienación, el que juega un papel fundamental en la liberación del potencial latente en la energía psíquica del pueblo colonizado. Una energía que, al servicio de su lucha por la liberación, echa abajo, definitivamente, el sueño del colonizador, pesadilla del oprimido.

Sin dimensión metafísica, ese impulso desaparece, o es reorganizado de otra forma, pero no es lo mismo. Recuperando la cita de Cedric J. Robinson que inicia este texto sobre el papel de la metafísica en las revoluciones negras:

> "la gente se preparaba mediante la obeah, el vudú, el islam y el cristianismo negro. Así crecían expectativas carismáticas, socializando y fortaleciendo a los adultos y a los jóvenes con creencias, mitos y visiones mesiánicas que les permitirían, algún día, intentar lo imposible..." (Robinson, 2018: 519).

Intentar lo imposible. Por lo tanto, el trabajo de provincialización de las narrativas de liberación nacidas en el Norte Global. Nos referimos a un diálogo posible con la herencia de los socialismos del Sur Global, inscrita en una perspectiva antimperialista, anticolonial y anticapitalista que, al mismo tiempo, respeta los legados ancestrales de resistencia de los pueblos del Sur Global y de sus diásporas en el Norte, anteriores a la emergencia del propio marxismo.

La ortopraxis, a diferencia de la ortodoxia, reivindica la preeminencia de la práctica ética de los profetas como base de cualquier conocimiento religioso posible

La espiritualidad de mercado y las luchas de las diásporas

"Los profetas nunca vinieron al mundo para satisfacer los apetitos de los poderosos, para preguntar ¿cómo encajo con los poderosos?", diría el imán sudafricano de la liberación Farid Esack en su conferencia *Challenges for Islamic Liberation Theology*. Así, desde el punto de vista de la lucha entre la religión del faraón y la espiritualidad profética, las prácticas espirituales no son únicamente actos de adoración o ejercicios de meditación tras los que la persona *creyente* vuelve a sumergirse de forma indolente en una sociedad fundada en desigualdades estructurales. Y por eso, la espiritualidad profética no se traduce en ortodoxias formalistas reapropiables por la reacción, sino en lo que el pensador palestino americano Iskander Abbasi, en su ensayo *Islamic Liberation Theology and The Decolonial Turn: A Historical and Theoretical Introduction* (2023), llama "ortopraxis". La ortopraxis, a diferencia de la ortodoxia, reivindica la preeminencia de la práctica ética de los profetas como base de cualquier conocimiento religioso posible (Abbasi, 2023: 12).

Esta "ortopraxis" no sólo cortocircuita el camino hacia la tiranía, sino también hacia una espiritualidad de mercado, una espiritualidad individualista, depredadora, consumista que se vende y compra a la carta como placebo; una espiritualidad *New Age*, desvinculada del común, ajena a lo ético y de espaldas a lo político. Cualquier religiosidad/espiritualidad es susceptible de convertirse en una religión de mercado al servicio del imperio. Esta interpretación material de la dimensión espiritual no se contradice con una lectura metafísica de la opresión y de la lucha por la justicia social. Y ese es uno de los retos fundamentales para quienes, ya sea desde el seno de cualquier tradición espiritual, o de ninguna, se ubican en proyectos de liberación comunes, aunque partan de interioridades diferentes e incluso disientan.

Finalmente, la lucha de Mûsa y Harûn frente el faraón es la misma que todos los pueblos oprimidos, en todo lugar y en toda época, llevan a cabo para liberarse. Es desde esta genealogía que la conocida frase en el mundo musulmán atribuida a Ya'far As Sâdiq adquiere su relevancia: "Todos los días son 'Ashura. Toda tierra es Karbala", que referencia el día y el lugar del martirio del imán Hussein, nieto del profeta Muhammad, a manos del tirano y usurpador Yazîd. La lucha contra la injusticia representa un *continuum* que desvela el corazón esencial del legado profético y que sigue actuando en nuestro presente. Al decir "todos los días son 'Ashura. Toda tierra es Karbala", Ya'far As Sâdiq nos transmite que la lucha revolucionaria contra la opresión encarnada por Hussein, así como por sus padres Ali y Fátima, y sus hermanos Hassan y Zeynab, contra el sistema de Yazîd, camuflado tras ropajes supuestamente islámicos, se repite cada día en todo lugar. La identidad de quienes representan esta revuelta esencial se desdibuja. Llevar hasta sus últimas consecuencias esta sentencia implica valentía y honestidad. El tiempo de esta confrontación también se difumina. El imán Ya'far habla y el eco de sus palabras resuena en nuestros barrios. La comunidad gitana, desde el Polígono Sur, Estado español, enfrenta al comisionado del distrito cuando amenaza con enviar al ejército al barrio: todos los días son 'Ashura,

La lucha contra la injusticia representa un continuum que desvela el corazón esencial del legado profético y que sigue actuando en nuestro presente

toda tierra es Karbala. Las diásporas marroquíes, senegalesas, gambianas, argelinas se organizan en el campo para pararle los pies a los explotadores y abusadores: todos los días son 'Ashura, toda tierra es Karbala. Las hijas de la migración postcolonial de todo el continente africano, de Abya Yala, de Asia, las hijas del pueblo gitano y las clases subalternas que pueblan la amplia periferia europea y desde ella se enfrentan a su marginación: todos los días son 'Ashura, toda tierra es Karbala.

¡Palestina vencerá!

Helios F. Garcés es escritor, investigador y militante Antirracista.

Referencias

Abbasi, Iskander (2023) "Islamic Liberation Theology and The Decolonial Turn: A Historical and Theoretical Introduction", en Panotto, Nicolás y Martínez Andrade, Luis (eds.) *Decolonizing Liberation Theologies. Past Present and Future,* Palgrave Macmillan, Cham.

El-Sharif, Farah, en Abou El Fadl, Khaled (2024) *The Palestine Sermons.* Usuli Press

Fanon, Frantz (1963) *Los condenados de la tierra,* México: Fondo de Cultura Económica.

(2020) *Escritos políticos,* Medellín: Ennegativo Ediciones.

Garcés, F. Helios (2023) *Religión vs. Revolución. Malcolm X, musulmán de la liberación,* Barcelona: Bellaterra.

Robinson, Cedric J. (2021) *Marxismo negro. La formación de la tradición radical negra,* Madrid: Traficantes de Sueños.

Shariati, Sara (2016) "Fanon, Shariati et la question de la religion: cinquante ans après". *Dans Politique Africaine,* vol. 3, 143, pp. 59-72.

Slisli, Fouzi (2008) "Islam: The Elephant in Fanon's The Wretched of the Earth Critique", *Critical Middle Eastern Studies,* vol. 17, 1, pp. 97-108.

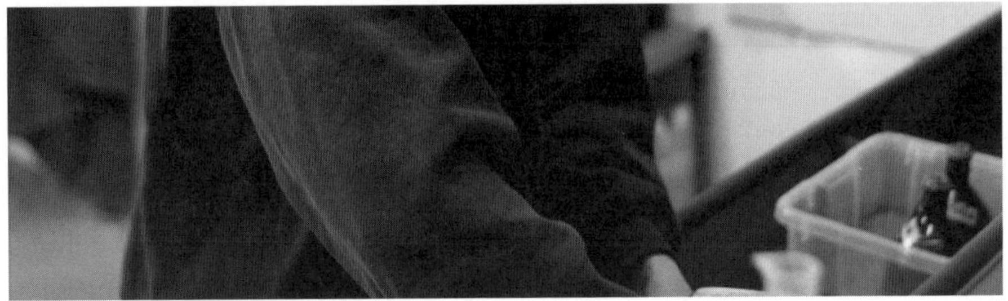

3. MARXISMO, FEMINISMO Y DECOLONIALIDAD: UN CRUCE DE LUCHAS Y PERSPECTIVAS

Identidad, interseccionalidad y el enigma de la clase

Sandro Mezzadra

■ Si bien la identidad es una categoría fundamental en la Filosofía Europea, al menos desde Aristóteles, su politización es un fenómeno mucho más reciente. Puede decirse que solo en la segunda mitad del siglo XX el desarrollo de la antropología y la sociología culturales sientan las bases teóricas para tal politización, la cual es inconcebible sin tomar en cuenta la emergencia de movimientos feministas a lo largo y ancho del mundo, así como toda una panoplia de luchas contra la dominación racial y por los derechos de las *minorías*.

Las reivindicaciones basadas en la identidad jugaron un rol importante a la hora de denunciar la presunta *neutralidad* e incluso el universalismo de las instituciones políticas, y al arrojar luz sobre la continuidad de historias pasadas de conquista y dominación

Debates tan importantes como el del multiculturalismo contribuyeron a impulsar las políticas de la identidad y, de un modo más general, alimentaron una codificación de la política en términos de identidad (cultural). Las reivindicaciones basadas en la identidad jugaron un rol importante a la hora de denunciar la presunta *neutralidad* e incluso el universalismo de las instituciones políticas, y al arrojar luz sobre la continuidad de historias pasadas de conquista y dominación. Por ejemplo, este fue el caso en países colonizados como Australia, Canadá y Estados Unidos con respecto a las condiciones de sus pueblos originarios. De manera más general, la identidad proporcionó un lenguaje para la articulación de reivindicaciones y deseos para la liberación de una multiplicidad de sujetos cuya opresión se fundaba en sistemas específicos de opresión que no eran contemplados como tales por las tradiciones clásicas de la política emancipatoria. Las luchas de las personas racializadas o las minorías sexuales son buenos ejemplos a este respecto, así como las reivindicaciones que proliferan dentro del feminismo a lo largo de las líneas que fracturan las figuras unitarias de *la mujer* y la *sororidad universal* (pensemos solamente en los debates en torno al *feminismo postcolonial* desde 1980).

1. Identidad y clase

Desde este punto de vista, no es sorprendente que uno de los primeros objetivos polémicos de las políticas de la identidad fueran el concepto de clase y el de las políticas de clase. Si uno toma la clase como un sujeto colectivo (incluso como una identidad colectiva) cuya unidad y homogeneidad se encuentran inmediatamente dadas como resultado *objetivo* de las relaciones de producción, es fácil observar que no hay margen para una política capaz de comprender las reivindicaciones y movimientos articulados en términos específicos -sea en términos de género o raciales-. No escasean los ejemplos históricos de tales conflictos y enfrentamientos dentro del movimiento obrero. Tomemos por ejemplo el de Bhimrao R. Ambedkar **1/**, el gran portavoz de los *Dalits* **2/** en la India colonial. A finales de la década de 1920 mantuvo varios debates con los líderes del Partido Comunista de la India, siempre señalando la peculiaridad de la posición de los *Dalits* y la difusión de prácticas de intocabilidad (exclusión) en el mundo del trabajo, enfatizando la necesidad de dar prioridad a estas cuestiones en la política laboral. Pero esto es precisamente lo que los líderes del Partido Comunista no querían aceptar, lo que llevó a una ruptura con Ambedkar (Roy, 2016: 110). Este último, en *La aniquilación de las castas* (1936), hizo balance de estos debates escribiendo que las castas "son una división de los trabajadores", y más precisamente "son una jerarquía en la que las divisiones de los trabajadores están clasificadas la una sobre la otra" (Ambedkar, 2016: 233-234). La cuestión de las castas se aborda aquí directamente desde el punto de vista de lo que podríamos llamar la composición del trabajo, de la disrupción de su unidad como factor sociológico y como sujeto político. Y Ambedkar señala la relevancia de los conflictos *dentro* del rango de los trabajadores -conflictos que jugaban un rol importante en otras partes del

1/ Bhimrao Ramji Ambedkar (1891-1956), más conocido como Babasaheb Ambedkar, fue un abogado, académico y reformador social indio perteneciente a la casta de los *parias (dalit)* o *intocables*. Además de ser uno de los padres fundadores de la Constitución de la India, sus estudios críticos sobre el concepto de casta en la estructura social hindú fueron pioneros. Frente a los comunistas indios de su época, puso de relieve las formas de dominación cultural, sin renunciar a cierto enfoque marxista y a la aspiración de crear una sociedad sin clases.

2/ Los *Dalits* son la casta más baja dentro de la estratificación social impuesta por el sistema de castas hindú. De hecho, se encuentra fuera de las cuatro *Varnas* tradicionales (*Brahmanes, Chatrías, Vaishias* y *Shudrás*). Tradicionalmente deben ocuparse de los trabajos más penosos, sufriendo marginación, pobreza y discriminación.

mundo, por ejemplo, en la relación entre las luchas afroamericanas y el movimiento obrero en Estados Unidos- 3/.

En este ensayo discutiré una noción específica que se ha convertido particularmente influyente a la hora de enmarcar el debate de la identidad y las políticas de la identidad: la interseccionalidad. Mostraré que la formulación original de esta noción estaba crucialmente interrelacionada con debates sobre la clase y las políticas de clase. Al mismo tiempo, mi argumentación se inspira en una preocupación teórica y política sobre las formas principales de las políticas de la identidad contemporáneas, las cuales se nutren de nociones tales como "privilegio blanco" y por el lenguaje y las teorías "decoloniales" (Mezzadra, 2021: 30-33). Aunque sigo desconfiando de los tonos moralistas de las políticas de identidad actuales, lo que más me inquieta es la tendencia a afirmar simplemente una identidad subalterna como una identidad cerrada y delimitada (a veces en el marco de una olimpiada por establecer qué identidad es la más oprimida y humillada). Esto hace que las alianzas, las convergencias y la coaliciones -así como la oposición- se tornen imposibles en última instancia (Haider, 2018: 40). Es en este contexto que me pregunto en la última sección del ensayo si es posible, e incluso necesario, repensar el concepto mismo de clase para abrir una perspectiva política diferente a luchas y movimientos como los que se hallan en el centro de las teorías de la interseccionalidad. Huelga decir que esto requiere ir más allá de la noción tradicional de clase que he esbozado más arriba, dibujando un tipo de caricatura -lo admito-.

2. Interseccionalidad, ¿y qué?

Hay algo importante que debe ser destacado al comienzo de esta sección. En los últimos años, la noción de interseccionalidad, forjada originalmente en Estados Unidos, comenzó a viajar. Y como suele suceder con las "teorías viajeras" (Said, 1983, 1994), adquirió nuevos significados e incluso fue en cierto modo reinventada en las calles, fuera de la academia. Esto ocurrió en particular en el contexto de una nueva ola de movimientos feministas en Latinoamérica y el sur de Europa, a menudo utilizando el eslogan *Ni una menos*. En Argentina y Brasil, la noción de interseccionalidad se usa para articular y conectar movimientos y reivindicaciones de mujeres negras e indígenas, comunidades rurales y metropolitanas, minorías sexuales y mujeres que viven en barrios marginales, sin perder de vista su especificidad, mientras que en Italia y en España permite abordar cuestiones relativas a la migración, el colonialismo y la sexualidad. En cierto modo, uno puede decir que esta apropiación y estos usos de la interseccionalidad impulsaron una repolitización de la noción, donde lo que está en juego es, citando a Angela Davis, "no tanto la interseccionalidad de las identidades, sino la interseccionalidad de las luchas" (Davis, 2016: 144). Curiosamente, esta noción de interseccionalidad también desempeñó un papel destacado dentro del movimiento masivo a favor de las vidas negras y contra la brutalidad policial en Estados Unidos durante el verano de 2020 4/.

Hablo de una re-politización de la interseccionalidad, porque en

3/ Ver, por ejemplo: Roediger (1991).
4/ Ver, por ejemplo: Thompson (2020).

Estados Unidos, en los últimos años, la noción se ha convertido en una especie de referencia académica estándar y su sello político original ha sido hasta cierto punto neutralizado (lo que no significa, por supuesto, que no hubiera muchos académicos haciendo un trabajo muy interesante e incluso radical en el contexto de la interseccionalidad **5/**). De ahí que sea necesario volver a los orígenes de la noción, o incluso más allá, para reconstruir brevemente su genealogía. Como he anticipado más arriba, la referencia al mundo del trabajo es fundacional para la interseccionalidad. Kimberle Crenshaw, a quien suele acreditarse haber *inventado* la noción, la define como sigue. La interseccionalidad, escribe, designa "los diversos modos en los que la raza y el género interactúan para dar forma a las múltiples dimensiones de las experiencias laborales de las Mujeres Negras" (Crenshaw, 1991: 1244). Al abordar el caso *De Graffenreid vs. General Motors* de 1977, en el que el tribunal rechazó la demanda de cinco mujeres negras que alegaban que el sistema de antigüedad de la compañía las discriminaba, Crenshaw escribe célebremente que la negativa del tribunal de reconocer la "discriminación combinada por raza y sexo" se basaba en la suposición de que "los límites de la discriminación racial y sexual se definen respectivamente por de las experiencias de las mujeres blancas y los hombres negros" (Crenshaw, 1989: 143). La interacción de estos límites es efectivamente opaca y borra una experiencia subjetiva específica dentro de las filas de los trabajadores, la de las mujeres negras. Al focalizar en una diferencia tan desatendida, la interseccionalidad se propone arrojar luz sobre el funcionamiento paralelo de sistemas de opresión y dominación que jerarquizan a la clase trabajadora.

Hablo de una re-politización de la interseccionalidad, porque en Estados Unidos, en los últimos años, la noción se ha convertido en una especie de referencia académica estándar y su sello político original ha sido hasta cierto punto neutralizado

Al escribir en 1989, Kimberlé Crenshaw era consciente del hecho de que la noción de interseccionalidad, que forjó desde una perspectiva específica dentro del pensamiento jurídico crítico, había estado gestándose durante mucho tiempo en el pensamiento feminista negro, así como en el trabajo y las luchas de las mujeres trabajadoras negras en Estados Unidos **6/**. En la agitación de la década de 1970 podemos encontrar, por ejemplo, en la *Declaración* del *Combahee River Collective* (1977) una formulación sorprendente de la problemática de la interseccionalidad. Llamado así

5/ Ver, por ejemplo: Nash (2019).
6/ Ver: Carasthatis (2016, capítulo 1) y Bohrer (2019, capítulo 0).

por la incursión de Harriet Tubman 7/ en el río Combahee de Carolina del Sur durante la Guerra Civil, que liberó a 750 personas esclavizadas, el colectivo era una organización feminista radical negra y lesbiana formada en 1974 (Taylor, 2017). Tal y como escriben, su política se define por un compromiso activo "con la lucha contra la opresión racial, sexual, heterosexual y de clase" y ven como su "tarea particular el desarrollo de un análisis integrado y una práctica basada en el hecho de que los principales sistemas de opresión están entrelazados" (*ibidem*: 15). Esta noción de sistemas de opresión "entrelazados" prefigura claramente la interseccionalidad. Al mismo tiempo, llama la atención justamente sobre el momento de *entrelazamiento*, es decir a los cruces y articulaciones entre estos sistemas. "También nos resulta difícil", escribe el colectivo, "separar la raza de la clase y estas de la opresión sexual porque en nuestras vidas la mayoría de las veces ambas se experimentan simultáneamente" (*ibidem*: 19). El concepto de "políticas de la identidad" que los lectores pueden encontrar en uno de sus primeros usos en la *Declaración* del Combahee River Collective tiene, en consecuencia, significados muy diferentes de los que se hicieron más habituales más tarde. Este concepto es aquí un grito de guerra y movilización, instando a las mujeres negras a centrarse en su "propia opresión" y a luchar por su propia liberación, que redundaría en una liberación general, pues "nuestra libertad necesitaría de la destrucción de todos los sistemas de opresión" (*ibidem*: 23).

Mucho antes de la década de 1970, la experiencia del entrelazamiento entre opresiones raciales, sexuales y de clase había moldeado la experiencia viva de una multitud de mujeres negras en Estados Unidos

Incluso mucho antes de la década de 1970, la experiencia del entrelazamiento entre opresiones raciales, sexuales y de clase había moldeado la experiencia viva de una multitud de mujeres negras en Estados Unidos. Y fue impugnada de múltiples maneras a través de las luchas y la organización, primero contra la esclavitud y después contra los linchamientos y la segregación. Aunque los escritos de la etapa temprana del pensamiento feminista negro (incluyendo nombres tan importantes como Sojourner Truth e Ida B. Wells-Barnett) componen un importante archivo para cualquier persona interesada en la genealogía y la prehistoria de la interseccionalidad

7/ Harriet Tubman (1822-1913) –nacida como Araminta Ross– fue una activista estadounidense que luchó por la liberación de las personas negras de la esclavitud, así como por el sufragio femenino. Escapó a la esclavitud y organizó más de una decena de incursiones para liberar a las personas negras del yugo de los esclavistas, liberando a cientos de personas esclavas. En los últimos compases de la Guerra Civil Norteamericana, se convirtió en la primera mujer en dirigir en un asalto armado en el Río Combahee contra los Confederados, liberando a 750 esclavos y esclavas.

(Gines, 2014), me gustaría detenerme brevemente aquí en los debates sobre la condición de la mujer negra proletaria en el Partido Comunista de Estados Unidos en los años 30 y 40. De hecho, en los escritos de Louise Thompson y Claudia Jones las cuestiones de la raza y el sexo son debatidas desde el punto de vista del concepto de explotación, el cuál será marginalizado más tarde en la discusión interseccional. Escribiendo en 1936, en *Hacia un amanecer más luminoso* (*Toward a Brighter Dawn*), Louise Thompson proporciona un sorprendente análisis de las condiciones de las mujeres negras, centrándose en una "Carretera al sur", "en las plantaciones del Sur", y en "Bronx Park, New York". El legado de la esclavitud atraviesa todo el artículo, que encuentra un ápice dramático en la descripción de la difícil situación de las trabajadoras domésticas negras en el Bronx. Thompson habla de un "mercado de esclavas" en el Bronx, y lo presenta como "un monumento gráfico a la amarga explotación de la sección de la población obrera americana más explotada de todas -las mujeres negras-". Y ello es así porque "se encuentran con esta triple explotación: como trabajadoras, como mujeres y como negras" (Thompson, 1936).

Más de una década después, Claudia Jones, nacida en Trinidad y condenada a vivir y trabajar en el Reino Unido tras ser deportada de Estados Unidos en 1955, desarrolla aún más este análisis. Su obra de 1949 *¡Acabar con la omisión de los problemas de la Mujer Negra!* (*An End to the Neglect of the Problems of the Black Women!*) comienza con un énfasis en el crecimiento de la participación militante de las mujeres negras "en todos los aspectos de la lucha por la paz, los derechos civiles y la seguridad económica" (*ibidem*). Es ante esta militancia intensificada que Jones reclama una nueva comprensión del papel de las mujeres negras y que se ponga fin al olvido de este papel que impregna al movimiento obrero. Jones se detiene en la posición de las mujeres negras en diferentes esferas sociales, desde la familia hasta las organizaciones de masas. Ella analiza cuidadosamente, y en particular, la condición de las trabajadoras domésticas negras, centrándose en las razones que llevan a la relegación de las mujeres negras a "trabajos domésticos y similares" y enfatizando su "miseria insoportable" (*ibidem*). Se hace eco de Thompson al escribir que las trabajadoras domésticas negras "en algunas zonas, sufren la indignidad adicional de tener que buscar trabajo en virtuales *mercados* de esclavos en las calles, donde se hacen las pujas, como en una subasta de esclavos, por las trabajadoras más resistentes" (*ibidem*). Curiosamente, también analiza las razones que dividen a las mujeres negras y blancas dentro de la clase obrera (*ibidem*). Como las mujeres negras demuestran claramente, incluso la experiencia de la explotación está jerarquizada. Como escribe Jones, "no igualdad, sino degradación y súper explotación: ¡este es el destino real de las mujeres negras!" (*ibidem*).

3. Figuras de la opresión

"Triple explotación" y "Superexplotación", los conceptos introducidos por Linda Thompson y Claudia Jones, son intentos claros de usar un lenguaje marxista para llegar a un arreglo con la condición específica de las mujeres negras trabajadoras. La diversificación e incluso la jerarquización de la explotación propuestas plantean sin embargo algunos problemas. Esto es especialmente cierto cuando la noción de explotación se entiende en términos puramente económicos y estrictamente conectada a una interpretación estrecha del "trabajo productivo". Esta concepción economicista de la explotación ha prevalecido durante mucho tiempo en el marxismo, incluso en Estados Unidos, y permitió una subordinación de todas las formas de opresión (por ejemplo, en palabras de Thompson, "opresión como mujeres y como personas negras") a la explotación en sí misma ("como trabajadoras") y a la política de clase vinculada. En consecuencia, varias activistas y académicas comenzaron a subrayar la autonomía de estos sistemas de opresión (digamos sexismo y racismo) y a priorizar las luchas contra ellos, en muchos casos oscureciendo completamente la relevancia de la explotación. Esto es lo que caracteriza el *mainstream* de los debates sobre interseccionalidad, que a menudo se configuran por una oposición conceptual entre opresión y explotación (Bohrer, 2019).

El importante libro de Patricia Hill Collins, *Pensamiento feminista negro* (*Black Feminist Thought*, publicado originalmente en 1990), se une a una tradición de reflexión teórica sobre el legado de la esclavitud al definir la condición de las mujeres afroamericanas usando la noción de opresión como la referencia principal de su análisis. Merece la pena citar extensamente el libro de Collins en este punto. "Opresión", escribe:

> "Describe una situación injusta donde, sistemáticamente y por un largo período de tiempo, un grupo niega a otro grupo el acceso a los recursos de la sociedad. Raza, clase, género, sexualidad, nación, edad y etnicidad, entre otros, constituyen formas mayores de opresión en Estados Unidos. Sin embargo, la convergencia de las opresiones de raza, clase y género, característica de la esclavitud estadounidense, dio forma a todas las relaciones posteriores que las mujeres afrodescendientes mantuvieron en el seno de las familias y comunidades afroamericanas, con los empleadores y entre sí" (Collins, 2000: 4).

La teoría de las "opresiones cruzadas" de Collins ha sido muy influyente en el establecimiento del campo de la interseccionalidad (o "matriz de dominación", como prefería decir en 1990). Es fácil observar que la mayoría de las "formas de opresión" mencionadas por Collins (raza, género, sexualidad, etnicidad, etc.) están abiertas a procesos de multiplicación desde dentro, y una proliferación de las figuras de opresión caracteriza, en efecto, los debates sobre interseccionalidad. El feminismo chicano, por ejemplo, introdujo nuevas perspectivas en una discusión que nació fuera de la condición y las luchas de las mujeres negras **8/**, mientras los temas de la opresión y la heteronormatividad ganaban prominencia en los escritos sobre interseccionalidad. Esto llevó a una suerte de explosión del campo que permitió múltiples procesos de expresión y constitución subjetiva, arrojando luz sobre formas de dominación que

8/ Ver, por ejemplo: García (1997).

habían permanecido largo tiempo invisibles y ampliando productivamente el terreno de las luchas por la liberación. Al mismo tiempo, planteó problemas específicos para una teoría de la interseccionalidad.

Es definitivamente cierto que, como escribe Ashley Bohrer, las teóricas y teóricos de la interseccionalidad "han argumentado contra modelos aditivos y multiplicativos por su fracaso al subrayar la mutua constitución de las estructuras de dominación" (2019: 102). No obstante, es importante recordar que la noción de opresión en los debates interseccionales es caracterizada por un énfasis en la "irreductibilidad" (de los sistemas singulares de opresión), que va de la mano con el énfasis en la "simultaneidad"; por ejemplo, con la afirmación de que esos sistemas "se experimentan simultáneamente y son inseparables" (Carasthatis, 2016: 57). Hay una tensión clara aquí, y aunque la crítica del pensamiento del "eje único" es un momento constitutivo de las teorías de la interseccionalidad, podría decirse que el principio de "irreductibilidad" ha tendido a menudo a oscurecer el de la "simultaneidad". Lo que está en juego aquí es el riesgo de una política identitaria que toma la especificidad de un sistema de opresión como un marco exclusivo, no solo para el análisis, sino también para el proceso de la constitución del sujeto. La cuestión no es proponer como alternativa una jerarquización de las opresiones y, por consiguiente, de las luchas y las reivindicaciones, lo cual es un anatema para las teorías de la interseccionalidad. Es mejor desviar la atención al momento unitario en el funcionamiento de los sistemas de dominación y opresión y trabajar por el establecimiento de espacios de convergencia para sujetos diversos y heterogéneos. El enfoque en un sistema específico de opresión puede bien constituir un momento importante en un proceso de subjetivación, incluso ser necesario para quebrar procesos de marginalización y abrir nuevas perspectivas de liberación. No obstante, cuando la *identidad* forjada por dicho enfoque se congela, se arriesga paradójicamente a reproducir los límites del sistema específico de opresión que pretende impugnar. Y se convierte en un obstáculo para procesos de subjetivación más amplios.

A menudo, en los debates interseccionales este problema se aborda desde el ángulo de una teoría de la coalición. "Pasó un tiempo", escribe Audre Lorde, "antes de que nos diéramos cuenta de que nuestro lugar era la propia casa de la diferencia en lugar de cualquier diferencia particular" (1982: 226). Estas palabras resumen perfectamente la cuestión que acabo de plantear sobre la identidad y las políticas de la identidad. La "casa de la diferencia" puede ser una poderosa imagen para describir una coalición interseccional, entrelazando solidaridad y resistencia hacia una política capaz de crear "los mundos que realmente necesitamos" (Bohrer, 2019: 257). Dicha coalición, como Bohrer acertadamente enfatiza (*ibidem*: 256), es necesariamente diferente de ser lo que tradicionalmente se entiende como el mínimo común denominador entre diferentes grupos. Aunque en este caso la subjetividad y la identidad de los colectivos implicados permanecen intactas, una coalición interseccional es un espacio de convergencia para una multitud de personas diversas y heterogéneas, en la que nuevas subjetividades e incluso identidades son continuamente fabricadas en una lucha común por la liberación. Huelga decir que la propia unidad de una coalición no está dada de antemano, es ella misma la que está en este proceso de subjetivación.

4. Clase *Reloaded*

La crítica de la noción economicista de explotación que esbocé más arriba lleva a la marginalización de la clase, e incluso del capitalismo, en muchos de los debates sobre la interseccionalidad. Como ocurrió en los estudios culturales y poscoloniales (Mezzadra, 2011), el capital y el capitalismo fueron confinados al reino de la *economía,* mientras la clase solía identificarse con trabajadores blancos, masculinos y heterosexuales en una relación laboral estándar. Sistemas diferenciales de opresión, como el sexismo y el racismo, se consideraba que operaban en los márgenes del capitalismo, el cual podría instrumentalizar definitivamente el proceso de jerarquización generado por ellos sin dejar de ser un poder fundamentalmente homogeneizador. Estoy convencido de que tal comprensión del capitalismo es profundamente defectuosa, y que una manera diferente de mirar a la historia y al funcionamiento del capitalismo contemporáneo podría proporcionarnos un modo eficaz de abordar la cuestión de la *simultaneidad* de los sistemas de opresión planteada por las teorías de la interseccionalidad.

Lo que está en juego aquí es, en primer lugar, la cuestión de la relación del capital con la "diferencia" (Mezzadra y Neilson, 2019: 32-38). Esta es una cuestión que ha sido replanteada en los últimos años por historiadores e historiadoras del colonialismo e historiadores e historiadoras globales del trabajo, por las y los académicos poscoloniales y por investigadoras e investigadores críticos que trabajan sobre los temas del desarrollo. Está surgiendo un consenso en torno a la idea de que lo que Lisa Lowe denomina "la producción social de la *diferencia*" (1996: 28) es un momento distinto y crucial en las operaciones del capital, que trabaja en tándem con (y habilita) la producción de "trabajo abstracto" como norma de la reproducción del capitalismo en general. En mi trabajo con Brett Neilson (2013, 2019) he argumentado que la interacción entre diferencia y abstracción, u homogeneidad y heterogeneidad es particularmente evidente en el funcionamiento del capitalismo global contemporáneo. En concreto, esta interacción se refiere a la cuestión del trabajo. Siguiendo la definición de fuerza de trabajo de Marx como "el agregado de aptitudes y capacidades" contenido en el cuerpo, "la personalidad viviente del ser humano" (Marx, 1976: 270), sostengo que hay que enfatizar la brecha entre el elemento de las aptitudes y capacidades y su "contenedor", el cuerpo (Marx usa la palabra alemana *Leiblichkeit* **9/**, cuya absoluta materialidad no es adecuadamente reproducida por la traducción inglesa con la expresión "forma física").

9/ En el vocabulario de Marx, *Leiblichkeit* (corporalidad) podría traducirse, como hace Enrique Dussel, por *carnalidad,* o por corporalidad sentiente o vivida -aquella que sufre, padece, se esfuerza o goza-. Se trata de un cuerpo vivo en oposición aun cuerpo inerte o abstracto (*Körper*).

Dicho énfasis en el cuerpo abre nuevos continentes para la comprensión de la fuerza de trabajo tanto como para su producción como mercancía. Lo que está en juego es aquello que podemos llamar la producción de la subjetividad que se requiere para la existencia misma de esa mercancía. La fabricación diferencial de cuerpos jerarquizados, donde los sistemas de opresión como el sexismo y el racismo juegan un papel prominente, emerge como un momento crucial de la producción de la fuerza de trabajo como mercancía, la cual es, de acuerdo con Marx, la piedra angular sobre la que se basa nada menos que la existencia del capitalismo. La frontera misma entre producción y reproducción, así como entre trabajo productivo e improductivo parece puesta a prueba y desdibujada desde este punto de vista. Y es fácil ver que una comprensión meramente economicista del capitalismo y la explotación se vuelve insostenible. El momento que he llamado de producción de la subjetividad tiene más bien múltiples dimensiones que deben ser reconocidas como internas a la explotación. Nos enfrentamos aquí con un conjunto de figuras subjetivas (explotadas), cuya experiencia de opresión y explotación está definitivamente mediada por diferentes posiciones subjetivas (donde, por ejemplo, el racismo, el sexismo o la heteronormatividad pueden ser predominantes) mientras que su *simultaneidad* está orquestada por las operaciones del capital.

La fabricación diferencial de cuerpos jerarquizados, donde los sistemas de opresión como el sexismo y el racismo juegan un papel prominente, emerge como un momento crucial de la producción de la fuerza de trabajo como mercancía

La clase se compone hoy por esta multitud de diferencias que viven, trabajan y luchan bajo la presión de la explotación del capital. La multiplicidad es el sello distintivo de la clase. Aunque enfatizo la relevancia de una noción no economicista de explotación para repensar la clase hoy, existe la necesidad de añadir que actualmente las políticas de clase requieren de una panoplia de movimientos y luchas que van mucho más allá de los límites de la propia clase. Una vez que reconocemos la relevancia constitutiva para el funcionamiento de la explotación de, digamos, el racismo y el sexismo, la movilización contra ello –que puede incluir a gente que no está *explotada* en ese sentido– es de la máxima importancia, y nunca puede considerarse que abordamos una suerte de contradicción *secundaria*. En paralelo a dichas luchas transversales existe la necesidad de forjar y practicar nuevas formas de solidaridad y espacios de convergencia, donde la interseccionalidad se convierta en un método para una multiplicidad de encuentros y para contrarrestar cualquier osificación de las políticas de la identidad. En definitiva, estas últimas pueden jugar un rol positivo en abrir nuevos campos de lucha, pero siempre corren el riesgo de convertirse en un obstáculo para procesos de subjetivación más amplios –para construir una base más eficaz para las luchas contra la explotación y la opresión–. La noción de clase, una "clase multitudinaria" o una "clase interseccional" para decirlo con Michael Hardt y Toni Negri (2019: 84), proporciona un nombre subjetivo a esa base y abre nuevas líneas de investigación y de intervención política. Y la reinvención de la interseccionalidad que he mencionado más arriba (como una "interseccionalidad de las luchas", por recordar las palabras de Angela Davis) parece prefigurar una nueva política de la solidaridad e incluso una nueva política de clase.

Sandro Mezzadra enseña teoría política en la Universidad de Bolonia. Su trabajo reciente se ha centrado en las relaciones entre globalización, migración y capitalismo, en el capitalismo contemporáneo y en la crítica poscolonial.

Traducción: *Mario Espinoza Pino*. Traducido de Papeles del CEIC (2021): https://ojs.ehu.eus/index.php/papelesCEIC/article/view/22759

Referencias

Ambedkar, Bhimrao R. (2016) *The Annihilation of Caste*. Ed. and annotated by S. Anand, Londres-Nueva York: Verso.

Bohrer, Ashley J. (2019) *Marxism and Intersectionality. Race, Gender, Class, and Sexuality Under Contemporary Capitalism*. Bielefeld: Transcript.

Carasthatis, Anna (2016) *Intersectionality. Origins, Contestations, Horizons*. Lincoln-Londres: University of Nebraska Press.

Collins, Patricia H. (2000) *Black Feminist Thought. Knowledge, Consciousness, and the Politics of Empowerment*. Nueva York-Londres: Routledge.

Crenshaw, Kimberle C. (1989) *Demarginalizing the Intersection of Race and Sex: A Black Feminist Critique of Antidiscrimination Doctrine, Feminist Theory, and Antiracist Politics*. University of Chicago Legal Forum, 140, 139-167.

(1991) "Mapping the Margins: Intersectionality, Identity Politics, and Violence against Women of Color". *Stanford Law Review,* 43(6), 1241-1299.

(2021) "Intersectionality, Identity, and the Riddle of Class" en https://www.euronomade.info/intersectionality-identity-and-the-riddle-of-class/

Davis, Angela (2016) *Freedom is a Constant Struggle. Ferguson, Palestine, and the Foundations of a Movement*. Chicago: Haymarket Books.

Gines, Kathryn T. (2014) "Race Women, Race Men and Early Expressions of Proto-Intersectionality". In Namita Goswami, Maewe O'Donovan y Lisa Yount (Eds.). *Why Race and Gender Still Matter: An Intersectional Approach* (pp. 13-26). Londres: Pickering & Chatto.

Haider, Asad (2018) *Mistaken Identity. Race and Class in the Age of Trump*. Londres-New York: Verso.

Hardt, Michael y Negri, Atonio (2019) "Empire, Twenty Years On". *New Left Review,* 120, 67-92.

Jones, Claudia (1949) "An End to the Neglect of the Problems of the Negro Woman!" *In New Frame.* Disponible en: https://www.newframe.com/from-the-archive-an-end-to-the-neglect-ofthe-problems-of-the-negro-woman/.

Lorde, Audre (1982) *Zami: A New Spelling of My Name. A Biomythography.* Berkley, Calif.: The Crossing Press.

Lowe, Lisa (1996) *Immigrant Acts: On Asian American Cultural Politics.* Durham, NC: Duke University Press.

Marx, Karl (1976) *Capital,* Vol. 1. New York: Vintage Books.

Mezzadra, Sandro (2011) "Bringing Capital Back In: A Materialist Turn in Postcolonial Studies?" *InterAsia Cultural Studies,* 12(1), 154-164.

(2021) "Challenging Borders. The Legacy of Postcolonial Critique in the Present Conjuncture". *Soft Power,* 7(2), 21-44.

Mezzadra, Sandro y Neilson, Brett (2013) *Border as Method, or, the Multiplication of Labor.* Durham: Duke University Press.

(2019) *The Politics of Operations. Excavating Contemporary Capitalism.* Durham: Duke University Press.

Nash, Jennifer C. (2019) *Black Feminism Reimagined After Intersectionality.* Durham: Duke University Press.

Roediger, David (1991) *The Wages of Whiteness: Race and the Making of American Working Class.* Londres- Nueva York: Verso.

Roy, Arundhaty (2016) "The Doctor and the Saint". In Bhimrao R. Ambedkar (Ed.). *The Annihilation of Caste.* Londres-Nueva York: Verso.

Said, Edward W. (1983) *Traveling Theory. In The World, the Text, and the Critic.* Cambridge: Harvard University Press, pp. 226-247.

(1994) *Traveling Theory Reconsidered. In Reflections on Exile and Other Essays.* Cambridge: Harvard University Press, pp. 436-452.

Taylor, Keeanga Y. (2017) *How We Get Free. Black Feminism and the Combahee River Collective.* Chicago: Haymarket Books. Sandro Mezzadra 10 Papeles del CEIC, 2021/2, 1-10

Thompson, Debra (2020) "The Intersectional Politics of Black Lives Matter". En Alexandra Z. Dobrowolsky y Fiona MacDonald (Eds.). *Turbulent Times, Transformational Possibilities? Gender Politics Today and Tomorrow* (pp. 240-257). Toronto: University of Toronto Press.

Thompson, Louise (1936) "Toward a Brighter Dawn". En Viewpoint Magazine (2015) Disonible: https://viewpointmag.com/2015/10/31/toward-a-brighter-dawn-1936.

4. MARXISMO, FEMINISMO Y DECOLONIALIDAD: UN CRUCE DE LUCHAS Y PERSPECTIVAS

Gramáticas de las resistencias (trans)feministas: las militancias alegres y no esencialistas

Sayak Valencia

■ En un mundo que podría definirse como postdemocrático en el cual "las democracias fascistas" van al alza (Eisenstein, 2008) y cuya característica común es la expansión del Capitalismo Gore (Valencia, 2010) y donde las crisis son acumulativas y reiteradamente nos muestran las lógicas extractivistas y coloniales de la necropolítica (Mbembe, 2011), me pregunto: ¿cómo hablar en otros términos que no remitan sólo a la contraofensiva frente a este escenario?, ¿cómo reconocer esas formas de resistencia frente este asedio que parece un siniestro interminable?, yendo un poco más lejos, ¿cómo podemos re-encantarnos desde la micropolítica y reconocernos en "las militancias alegres" (Bergman y Montgomery, 2023)?

Tengo la certeza de que este asedio sin tregua que se disemina de manera efectiva y afectiva sobre nuestros territorios, pero también al interior de nuestras subjetividades, nos está paralizando a nivel material y político e impidiéndonos ver nuestra propia historia y la memoria de nuestras luchas: feministas, transfeministas, antifascistas. antiracistas, anticoloniales, antiespecistas, ecologistas, etc.

Así, la creación de este punto ciego, a través de la desinformación y la polarización, no es una cuestión menor, porque ambas son características fundamentales de esta expansión del fascismo 2.0 y se conjugan con la eliminación de la memoria y las posibles alianzas entre las resistencias. Otra característica fundamental de nuestro contexto que abona al conservadurismo es la glamurización mediática de figuras siniestras –muy representativas de la necromasculinidad y del fascismo (Valencia, 2020)– como Donald Trump en USA o Javier Milei en Argentina (aunque esta lista podría extenderse ampliamente a otros líderes autoritarios). Por eso, frente al obnubilamiento, precisamos defender nuestra memoria compartida que, por otro lado, no ha sido fácil de crear.

Me hago estas preguntas porque tengo la sensación de que esta catástrofe acumulativa que nos arrincona económica, social y políticamente, no sólo nos sitia, sino que sus alcances son más insidiosos y nos están cercando cultural, emocional y subjetivamente, a tal grado en el que sólo respondemos a sus embates. Desde mi perspectiva, necesitamos no sólo reaccionar a sus provocaciones, sino proponer una agenda distinta -al menos- desde los movimientos transfeministas **1/**.

Frente al obnubilamiento, precisamos defender nuestra memoria compartida que, por otro lado, no ha sido fácil de crear

Esta inquietud de no limitarnos a reaccionar a los embates del fascismo neoliberal es compartida por muchxs de nosotrxs que observamos atentamente cómo nos es saqueado el discurso y cómo conceptos pertenecientes tanto a la teoría crítica como a las gramáticas feministas, como el concepto de género, se vuelven caballos de troya feroces para intentar romper nuestras agendas y nuestras posibles alianzas.

Así, la introducción de premisas reaccionarias al interior de nuestros movimientos ya no tiene la cara reconocida de lxs antifeministas, sino que se presentan en rostros muy conocidos de ciertos feminismos. Me refiero a la deriva antiderechos y esencialista/biologicista que está creciendo dentro del movimiento feminista a través de las autodenominadas feministas radicales transexcluyentes. En los siguientes párrafos haré un recuento de algunas de esas gramáticas en Latinoamérica y su relación con lo que se entiende como las militancias alegres y no esencialistas.

Ante esta deriva fascista que está alcanzando a ciertos feminismos reaccionarios y cada vez más puritanos, recuerdo las palabras de Pasolini cuando le preguntaba a Allen Ginsrberg en una carta de 1967:

"¿Quién nos dio –tanto a jóvenes y viejos– el lenguaje oficial de la protesta? El marxismo, cuya única vena poética que tiene es el recuerdo de la Resistencia, y que se renueva ante la idea de Vietnam y Bolivia. ¿Y por qué me quejo de este lenguaje oficial de la protesta que me da la clase obrera a través de sus ideólogos (burgueses)? Porque es un lenguaje que nunca prescinde de la idea del poder, y por lo tanto es práctico y racional. ¿Pero la Práctica y la Razón no son las mismas divinidades que han vuelto LOCOS e IDIOTAS a nuestros padres burgueses?" (Pasolini, 1967).

1/ Los transfeminismos son movimientos que buscan ampliar el sujeto político del feminismo, son plurales que consideran los estados de tránsito de género, de migración, de mestizaje, de vulnerabilidad, de raza y de clase como transversales para hacer alianzas emancipatorias ante la violencia cis-hetero-patriarcal, racista, ecocida, fascista, etc.

Traigo a colación las palabras de Pasolini casi 60 años después de ser escritas porque la pregunta que plantea no es baladí, por el contrario, es la pregunta fundamental en nuestro contexto, pues se cuestiona sobre la oficialización del lenguaje o de los lenguajes de la protesta.

En este sentido, estas palabras podemos aplicarlas al intento de oficialización del lenguaje del feminismo por parte del transexclusionismo, quien se adjudica la capacidad de *certificar* quién es o no sujeto legítimo del movimiento. Y con esta apropiación busca abrogar derechos de poblaciones (como la comunidad trans o no binaria), cuyas consecuencias, además de ser violatorias contra los derechos humanos, pueden convertirse en un bumerán de violencia para todxs, pues recurren a la cancelación y la separación entre un *nosotras vs. elles*, que como bien sabemos es la estrategia predilecta del fascismo para dividirnos, porque en su *nosotros* no busca una colectividad, sino poner en el centro sus ideas de poder, superioridad y supremacismo.

Ahora bien, desde la ética (trans)feminista entendida como "una [forma] de vida no fascista" (Foucault, 1983), nos distanciamos del odio como motor social contemporáneo. Excluir a otrxs por parte de quienes también hemos sido excluidxs es un contrasentido; pensar lo contrario es reproducir un posicionamiento plano, binario y victimista que reproduce las lógicas de la exclusión como si fueran una estrategia para protegernos de la violencia del afuera y darnos certezas dentro de un circuito de pensamiento muy limitado, que no ha entendido que al separarnos la violencia es un bumerang que se nos regresará a todxs con más fuerza.

O lo que me parece más relevante: que estos posicionamientos se nieguen a reconocer a otrxs como sujetos válidos es una estrategia muy efectiva de las derechas internacionales para separarnos y refundar un mundo sin fisuras, sin matices, donde no haya diálogo y el cual los argumentos planos y biologicistas se vuelvan máximas incuestionables. Máximas que dejan fuera cualquier tipo de avance social y científico en torno a distintos temas sobre la justicia social relacionadas con el género, la sexualidad y la raza, tal como lo han hecho por siglos las religiones del libro, cuyo fundamento es mantener ileso el poder y su encarnación en el cis-hetero-patriarcado.

Esta falta de apertura al diálogo, esta creación de una cultura de la cancelación es un elemento medular que los nuevos fascismos están rentabilizando en nuestra contra

Esta falta de apertura al diálogo, esta creación de una cultura de la cancelación es un elemento medular que los nuevos fascismos están rentabilizando en nuestra contra. Esta ruptura no es menor ni inocente, porque hay al fondo un tufo a Vaticano que cada vez se hace más evidente y contrastable, pues supone romper al movimiento feminista que, por otro lado, es un movimiento complejo, con agendas diversas, pero cuya base no es la biología, sino la justicia social y la buena vida, no sólo para nosotras, sino para las mayorías.

Este asedio antifeminista, encabezado por los sectores reaccionarios de las religiones del libro y un enjambre incompresible de machos autoritarios y feministas antiderechos, debe darnos noticia de que hay unas raíces transformadoras al interior de las diversas agendas feministas que resultan amenazantes para los conservadurismos, puesto que como movimiento hemos logrado generar no sólo un discurso, sino una sensibilidad que ha estado calando en nuestras sociedades de manera muy visible en las últimas décadas.

No sobra aclarar que los feminismos y los transfeminismos han cuestionado las nociones de poder en torno al género, la sexualidad, la clase y la raza, e incidido en el *general intellect* pasando de ser una *mala palabra* a convertirse en un nodo cultural rizomático en donde se intersecan distintas tradiciones anticoloniales, proderechos y proautonomías. Entonces, el movimiento (trasn)feminista no se reduce al pensamiento occidental, sino que es al mismo tiempo un pensamiento reticular y mestizo que puede entenderse tanto como un movimiento social y político profundamente antidogmático, así como una epistemología y una práctica vital cotidiana, pero cuya característica principal es tener una agenda inclusiva.

Los feminismos y los transfeminismos han cuestionado las nociones de poder en torno al género, la sexualidad, la clase y la raza

También cabe recordar que los (trans)feminismos han contribuido a la transformación social al reconfigurar la escena política con otros imaginarios que considerar de manera interseccional los problemas que aquejan a las personas feminizadas, sobre todo en su apelación a vivir una vida libre de violencias. Esta imaginación política se sostiene sobre unas gramáticas que han impregnado la sensibilidad social –no sin gran resistencia– y han configurado una especie de *sensibilidad feminista*, cuyos léxicos encontramos hoy tanto en leyes y protocolos de política pública como en las redes sociodigitales y su folclore digital (aunque no exclusivamente).

O, incluso, en aquellxs que utilizan nuestras gramáticas y lenguajes para deslegitimarlas, pero que las aprenden al dedillo para crear argumentos de retorsión, y que desde la retórica más recalcitrante buscan que nuestros conceptos queden despojados de su memoria histórica y pasen a formar parte de las filas del discurso neoliberal sin memoria de sus luchas y sin sus contextos.

Y no me malentiendan, no estoy celebrando la expropiación y banalización de nuestros conceptos, mi intención es ir más allá y abrir la posibilidad de pensar juntxs el calado social de estas gramáticas –que vienen tanto de los movimientos feministas como de los antiracistas y desde las disidencias sexuales y de género, de los feminismos materialistas y de los feminismos comunitarios o de los feminismos populares–, que han creado un lenguaje común no sólo para hablar de los problemas que nos acosan cotidianamente, sino también de formas de vida que escapan a la sumisión como un mal menor.

Así en estas gramáticas (trans)feministas identificamos hablas barrocas, mestizas, incisivas que mezclan experiencias con sesudas reflexiones, que provienen de pensadorxs que nos precedieron, pero también de algunas más jóvenes como es el caso de la teórica afrobrasileña Vilma Piedade (2021), quien acuñó el término *doloridad* como una alternativa al término sororidad (con su tufo de convento) para problematizar la intersecciones entre feminismo, raza y clase en Brasil y como una categoría que conecta nuestras luchas desde las distintas vulnerabilidades y violencias compartidas.

Así, la configuración de una sensibilidad feminista no es algo que el patriarcado capitalista y no capitalista vaya aceptar más allá de la explotación de nuestras gramáticas para sus propios fines de comercialización. Sin embargo, estas hablas (trans)feministas y mestizas lo exceden, ya que configuran y reconfiguran el *espíritu de nuestra época* y brindan la oportunidad de crear alianzas diversas entre movimientos. Esta posibilidad de aliarnos es innegable, porque a pesar de la polarización y desinformación, tanto del patriarcado neoconservador como de algunas figuras transexcluyentes, encontramos “la potencia feminista” (Gago, 2019) que es profundamente política y orienta hacia la construcción de alianzas situadas entre los feminismos, que trasciendan el binarismo entendido no sólo como una cuestión de género, sino de maniqueísmo.

Estas hablas (trans) feministas y mestizas brindan la oportunidad de crear alianzas diversas entre movimientos

Para honrar la memoria de nuestrxs muertxs debemos reconocer que si bien *el dolor es una forma de contacto,* lo que he hemos hecho con él no es quedarnos secuestradas en el trauma ni en la apatía. Por el contrario, este deseo de vida, este deseo ingobernable de justicia hace que nos organicemos desde *la digna rabia* (un concepto hermoso que nos han compartido nuestras hermanas zapatistas desde sus luchas por la tierra y la autonomía).

En ese sentido, retomo la posibilidad de alianzas interseccionales para pensar en los feminismos como un colectivo amplio y diverso que no sectoriza las desigualdades, sino que se hace cargo de su responsabilidad ética y se compromete con revisar sus presupuestos y actualizarlos a las circunstancias actuales, es decir que no se queda en la comodidad del binarismo y el biologicismo como si fuera la única fuente de certezas para nuestras luchas, que por otro lado son amplísimas.

Ahora bien, como sabemos, el miedo se instrumentaliza de manera más efectiva en los espacios donde el dolor tiene muchas caras; y en nuestra región latinoamericana, con traumas históricos importantes y donde la represión y la masacre no son la excepción a la regla del Estado machista, sino su *modus operandi,* entiendo que la militancia que hemos heredado desde los movimientos críticos, sobre todo desde el proyecto izquierdista masculinista, de señores sabios y barbados, es una militancia que parece un bloque sin cuerpo, una militancia seria, incluso triste, que se siente dignificada a través del estoicismo o del rostro masculino (hegemónico) sin emociones.

Una militancia que como bien pensó Pasolini ha oficializado sus lenguajes de la protesta. Sin embargo, esa no es la militancia que veo en los (trans)feminismos. En nuestros movimientos la militancia no es heroica, sino una militancia que logra poner el cuerpo y sus experiencias de forma colectiva e imaginativa.

Esta política imaginativa se despliega en la creatividad, en las consignas que vemos desfilar en la pancartas de nuestras manifestaciones, lo demuestran las miradas esperanzadas de quienes marchan mientras portan banderas o indumentarias significativas; con esto me refiero a las indumentarias que hacen guiños a la memoria histórica y política de nuestros movimientos, como por ejemplo: los pañuelos verdes que dentro de sí llevan la imagen de un pañuelo blanco en clara referencia a las Madres de la Plaza de Mayo de Argentina y sus resistencia frente a la desaparición de sus hijxs y la petición de justica y que ahora en su versión verde nos hablan de maternidades deseadas y con derecho a decidir sobre nuestros cuerpos.

Lo vemos también en las capuchas portadas por las compañeras zapatistas, o la indumentaria *sexy* y desinhibida portada por cientos de personas feminizadas que desfilaron en *la marcha de las putas* o en los contingentes de la disidencia sexual que desde los años 70 del siglo XX hacen del placer un lugar político.

O, más recientemente, en las coreografías de denuncia que muestran las intersecciones entre arte y activismo como la propuesta del colectivo feminista chileno *Las Tesis* con su célebre performance “Un violador en tu camino”; o la proliferación de brillantina rosa sobre el rostro en referencia a *la revolución diamantina* contra la violación y la violencia sexual sufrida sistemáticamente en el mundo por niñes, mujeres cis y trans y personas feminizadas y en franco guiño con el color rosa fucsia de las cruces tristemente célebres para denunciar el feminicidio en Ciudad Juárez.

Tanto las indumentarias como las performances y las demandas en pancartas, en *timelines,* en canciones como: *Canción sin miedo* de la cantautora mexicana Vivir Quintana, o el uso de colores como el morado, el rosa y el verde, que ya no pueden desligarse de nuestra memoria histórica y política, son significantes culturales de las gramáticas feministas y transfeministas que nos muestran una imaginación política sin cortapisas, que pese a las catástrofes cotidianas, logran crear una multitud al estilo spinoziano, para dar materialidad a un cuerpo social rebelde, vivo y en una colectividad alegre a pesar del duelo colectivo.

Para continuar con mi argumentación sobre las militancias alegres y no esencialistas, voy a definir brevemente lo que entiendo por alegría. Retomo lo propuesto por Baruch Spinoza, filósofo neerlandés de origen sefardí, quien en el siglo XVII contravino el pensamiento europeo que pretendía someter la vida mediante dualismos y clasificaciones rígidas (es decir esencialismos).

Spinoza conceptualizó "un mundo en el que todo está conectado y en proceso" (Bergman y Montgomery, 2023). Spinoza define la alegría como:

> "La alegría implica el aumento de la potencia de un cuerpo para afectar y ser afectado. Implica volverse capaz de sentir o hacer algo nuevo; no se trata sólo de un sentimiento subjetivo, sino de un verdadero acontecimiento. En este sentido la felicidad es diferente de la alegría en tanto que es una de las muchas formas posibles en las que un cuerpo puede convertir la alegría en una experiencia subjetiva. Este incremento de la potencia comprende un proceso de transformación que puede parecer aterrador, doloroso o estimulante, pero siempre va más allá de las emociones que uno siente al respecto. Es el crecimiento del poder compartido para hacer, sentir y pensar" (Bergman y Montgomery, 2023).

Así, las militancias alegres son aquellas que pese al malestar, al disenso y al ser encarnadas por una multitud difícil de definir pueden crear modelos identificatorios que amplían el sujeto de sus luchas y buscan la transformación radical del mundo, es decir, buscan desarrollar cosas nuevas u otros horizontes de sentido con otrxs para hacer frente a la violencia, al asedio, la desposesión y apuestan por la vida. Esta alegría la podemos constatar cotidianamente en nuestras militancias no esencialistas.

Y quiero dejar claro que la alegría de la que hablo, de nuestra alegría, no es una alegría edulcorada, sino una que puede resultar incómoda, extraña, abrumadora, ininteligible en nuestros contexto del sur global altamente necropolítico, pero que es muy reconocible al no calzar con las militancias serias y tradicionales. Militar para la alegría y desde ella es un serio cuestionamiento a la noción misma de militancia, porque hacer mundos con otrxs siendo afectadxs y afectando es un proceso que crea algo nuevo de algo que pensábamos que ya sabíamos el resultado, pero también abre nuevos horizontes de organización que experimentas con sus posibilidades de acción colectiva.

Esta militancia alegre no elimina la incertidumbre, porque la considera no sólo un lugar de malestar, sino un espacio para la imaginación política y para la experimentación colectivas. Es la incertidumbre en nosotrxs un lugar de partida, no un destino manifiesto al que tengamos que resignarnos para recibir menos daño o para obtener una *tajada mayor* del presupuesto.

Contrario a lo que pareciera, lo que escribo aquí no tiene un tinte ingenuamente optimista, porque entiendo que el contexto social nacional y mundial nos dice que las cosas pueden empeorar aún más para las mayorías y en especial para las personas feminizadas y las personas *queer*. Sin embargo, no suscribo al pensamiento esencialista y binario que nos quiere hacer creer que optimismo y pesimismo son los dos únicos lugares de enunciación. No suscribo las lógicas cínicas del pesimismo, porque al igual que el optimismo edulcorado fomenta la idea de certeza a través de la exclusión de la complejidad y de la reivindicación de un pensamiento binario que puede proporcionar la sensación de comodidad y certeza discursiva, pero que no va a la raíz de los problemas y sus complejidades.

Así que cuando hablo de militancia alegre desde los transfeminismos no estoy inventado nada nuevo, sino que estoy reconociendo todo el trabajo de alianzas históricas, políticas, interseccionales e intergeneracionales que se despliegan cotidianamente en nuestro movimientos porque nuestro cuerpo social es construido desde la afectación y los afectos y nos dice que, sin lugar a dudas, los poderes emergentes de la micropolítica (Guatari y Rolnik, 2006) no deben ser desestimados ni por el cansancio (al que nos orilla la sobreexplotación) ni por el miedo (ante la violencia cruenta y cotidiana que nos aqueja) ni por la reproducción de un discurso dogmático que por sus propias agendas individuales busca instrumentalizar nuestras potencias y nuestras creatividades diversas.

Por ello, el reencantamiento del mundo del que nos han hablado figuras emblemáticas de las distintas resistencias, como las feministas zapatistas o la pensadora marxista feminista Silvia Federici (Federici, 2020), no está en la utopía por venir, sino que es una utopía performativa que está siendo en la colectividad de todos nuestros cuerpos juntxs, que está siendo en el reclamo de justicia y en la emoción exultante de convertir el dolor del trauma en comunidad; es decir, que esta alegría militante, que se despliega en la escena política con nuestras militancias en las calles, en las plazas, en los espacios públicos y en los privados, es innegable y nos recuerda que los fundamentalismos se autodenominen feministas o no, no contarán con nuestro silencio para encubrir sus responsabilidades.

Sayak Valencia es doctora en Filosofía con especialidad en Teoría Crítica y Feminista por la Universidad Complutense de Madrid. Autora de los libros: *Adrift´s Book* (2024), *Postales de R.* (2023), *Transfeminismos y políticas Post-mortem* (2022), *Capitalismo Gore* (2010), entre otros.

Referencias

Bergman Carla y Montgomery, Nick (2023) *Militancia Alegre. Tejer resistencias, florecer en tiempos tóxicos.* Madrid: Traficantes de Sueños.

Eisenstein, Zillah (2008) *Señuelos Sexuales. Género, raza y guerra en la democracia imperial.* Barcelona: Bellaterra.

Federici, Silvia (2020) *Reencantar el mundo. El feminismo y la política de los comunes.* Madrid: Traficantes de Sueños.

Foucault, Michel (1983) “Una introducción a una vida no fascista”. en *Anti-Œdipus. Capitalism and Schizophrenia.* Minneapolis: University of Minessota Press, pp. 11-4.

Gago, Verónica (2019) *La potencia feminista o el deseo de cambiarlo todo.* Madrid: Traficantes de Sueños.

Guattari, Félix y Rolnik, Suely (2006) *Micropolítica. Cartografías del deseo.* Madrid: Traficantes de Sueños.

Mbembe, Achille (2011) *Necropolítica*. Barcelona: Melusina.
Pasolini, Pier Paolo (2017) "Carta a Allen Ginsberg". *Mundo Flaneur*. 25/9/2017.
Piedade, Vilma (2021) *Doloridad*. Buenos Aires: Mandacarú.
Valencia, Sayak (2010) *Capitalismo Gore*. Barcelona: Melusina.
(2020) "(Necro)Masculinidad. Estado-Nación y democracia". *Proyecto Ballena*. https://www.youtube.com/watch?v=MDrw_D_5AKA

5. MARXISMO, FEMINISMO Y DECOLONIALIDAD: UN CRUCE DE LUCHAS Y PERSPECTIVAS

¿Qué hacemos? Tesis sobre la praxis política feminista en el laboratorio argentino de la ultraderecha

Luci Cavallero y Verónica Gago

■ Nos interesa partir de la afirmación de una fuerza colectiva feminista que produjo desplazamientos, innovaciones, cuestionamientos profundos de jerarquías, vectores de politización que están siendo contestados con una reacción patriarcal que se expresa en el gobierno de ultraderecha de Javier Milei.

Queremos plantear que la virulencia política que vemos hoy en Argentina responde, en particular, a dos saldos del proceso de organización feminista de los últimos años: la transversalidad de las alianzas políticas y la politización de zonas de la reproducción social, hoy claves para asegurar un pasaje de umbral en la superexplotación del trabajo y la privatización del ajuste en los contornos de la vida familiar.

La victoria electoral de Javier Milei como reacción contra un ciclo de luchas

La reacción colonial-patriarcal de este momento del capitalismo de guerra es global, pero tiene características particulares para América Latina y, más aún, en el laboratorio argentino. En todo el continente se contesta en términos contrarrevolucionarios a un ciclo de movilizaciones caracterizado por un protagonismo feminista, popular y callejero que abarca desde la revuelta y el proceso constituyente en Chile, los paros en Colombia y Ecuador, hasta las masivas movilizaciones y paros feministas en Argentina. Hace un tiempo señalamos, durante el gobierno de Mauricio Macri (2015-2019), una contraofensiva que se jugaba en términos represivos, financieros y religiosos: fue en el momento que coincidió el pico de movilizaciones por el derecho al aborto con el retorno del FMI al país. Milei es una radicalización extrema y por la derecha de aquel primer gobierno, que gana, después de la dictadura militar (1976-1983), con un programa explícitamente de derecha, de una derecha ya organizada como partido en superación del esquema del *partido militar.*

Hoy la reacción incluye a algunos sectores de los progresismos y las izquierdas que despliegan una culpabilización sobre movimientos que propusieron una radicalidad masiva en el último ciclo de luchas. La culpabilización que, a su vez, se quiere hacer pasar como *crítica al progresismo,* lo pone a salvo de hacer un balance de su propia descomposición.

En Argentina es imposible leer el gobierno de Milei en una secuencia corta: hay que conectarlo con la secuencia de luchas regionales de los últimos años, pero también en relación a la crisis de 2001. Milei clausura, por la derecha, aquel ciclo de crisis *caracterizado por el rechazo a las políticas de austeridad y de impunidad* y, al mismo tiempo, expresa la continuidad de una crisis de legitimidad del sistema político que no terminó de saldarse en años posteriores y que conecta, de modo no lineal a nivel global, con la salida reaccionaria de la crisis financiera de 2008.

Milei no está dispuesto a hacer concesiones, evidenciando una radicalización de las elites económicas contra las clases trabajadoras, los pueblos indígenas y la radicalización feminista

La extrema derecha de Milei emerge así como una respuesta a un neoliberalismo que a pesar de sus ruinas –para parafrasear a Wendy Brown (2020)– relanza una agenda neoextractivista en nuestra región para auxiliar al mercado global (vía colonialismo verde, vía ciclos de endeudamiento), particularmente en torno a la energía, los minerales raros como el litio y el agronegocio. Una novedad es que el gobierno de Milei no está dispuesto a hacer concesiones ante el aumento de la conflictividad social, evidenciando una radicalización de las elites económicas en su proyecto de avanzada contra los derechos de las clases trabajadoras, de los pueblos indígenas y de la radicalización feminista.

El voto a Milei como promesa de estabilidad frente a una economía cotidiana atravesada por la deuda y la inflación permanente

Afirmar que el régimen de Milei tiene elementos fascistas no es decir que la mayoría de sus votantes sean fascistas. De hecho, gran parte de su apoyo puede explicarse a través de la economía cotidiana. Es un terreno que parece ser ignorado una y otra vez en su inexorable materialidad y, como tal, en su racionalidad política.

Es decir, proponemos una lectura de la ultraderecha en Argentina que al mismo tiempo que da cuenta de una reacción patriarcal, colonial y neoliberal sobre un ciclo de luchas, también expresa procesos de largo plazo que han sido *leídos* de una forma eficaz por las fuerzas reaccionarias. Nos referimos concretamente a la proliferación de la subjetividad política ligada al emprendedurismo a partir de la desestructuración del mercado de trabajo y la consolidación de un "neoliberalismo desde abajo" (Gago, 2014). A su vez, la expansión del endeudamiento y de la microespeculación en la vida cotidiana para resolver la reproducción social terminan de consolidar esa trama que hace frente a la precariedad y la realidad del "sobreempleo" actual (Cavallero y Gago 2019).

La simultaneidad de esta doble lectura evita caer en procesos de culpabilización o bien de reduccionismo. Creemos que la producción de teoría, lejos de contribuir a un nihilismo o a una justificación de lo que existe, debe encontrar los puntos desde donde afirmar una fuerza, sin eludir el examen de la eficacia de la propia práctica política.

Este enfoque es producto de las luchas del movimiento feminista del que somos parte porque lo hemos colocado como un análisis construido desde la práctica política, fundamental para entender las violencias económicas que sostienen la austeridad como discurso de *disciplinamiento.*

El desprecio de creer que quienes son más afectadxs por las dinámicas económicas de empobrecimiento no lo entienden, o no lo traducirán electoralmente, es un procedimiento recurrente. Supone, además, que habría una ideología o unos valores superiores que le sacarían importancia a lo que se siente en el bolsillo.

El desprecio, lo sabemos bien, es un modo de consideración y confinamiento de lo doméstico, de lo que sucede al ras de la cotidianeidad. Lo doméstico es ese espacio que en el discurso económico queda borrado como lugar de producción de valor, pero también como ámbito central en el que se experimentan en concreto los efectos de las devaluaciones. Donde se organiza una economía de gestos que van desde buscar precios incansablemente frente a una inflación que se dispara hasta tomar el transporte público con demoras o con la sensación de que se puede ser víctima de un hecho de inseguridad. La idea de que esas *sensaciones* podrían no constituir una dinámica política o que son reparadas a nivel de evocaciones históricas a tiempos pasados y mejores, es a todas luces insuficiente.

Lo doméstico –que no se reduce a la casa, porque desborda al barrio, las redes, las comunidades– es el lugar donde el dinero se transforma en deuda rápidamente, donde la moneda es humo, o donde se siente la baja arbitraria de un salario social complementario por haber hecho una compra en dólares. La sensación de injusticia que se vive entre esfuerzo y dinero es clave. La *casta* (sea del tipo que sea) es aquella que no debe pasar por ese cálculo cotidiano.

No podemos descansar en etiquetas fáciles y condenar al fascismo en abstracto o señalar con el dedo a un sector que expresa la crisis de la representación política de maneras difusas y contradictorias. Más bien hay que entender cómo Milei expresó, durante la campaña electoral, a quien siente que el dinero se hace agua o que la deuda es la presencia más permanente en las casas y fantasee con dinamitar el Banco Central. Una fantasía radical.

Ahí también hay que comprender una voluntad de cambio radicalizada que encuentra expresión en quien promete lo que a todas luces todos dicen: el dólar -la moneda del imperio- es lo único estable. En una economía que tiene bienes y servicios fundamentales dolarizados (el precio de la vivienda por caso), la propuesta de dolarización de Milei pone el negacionismo del otro lado (y hace que el negacionismo del terrorismo estatal parezca menos importante). Se hace cargo de ponerle palabras a un mundo de experiencias cotidianas de lxs de abajo que oscilan entre el cálculo, la frustración y la especulación.

Esta propuesta de llevar al máximo de radicalidad el gobierno financiero de nuestras vidas (la especulación a la que se ve obligado cada quien que debe lidiar con la precariedad) se combina a la vez con un discurso reaccionario, misógino y patriarcal. La inseguridad llevada a lo cotidiano lubrica un discurso sobre la necesidad de *armarse*, de buscar seguridad a toda costa.

De la pandemia a la ultraderecha: umbrales de la violencia financiera

Estamos ante un pasaje de umbral de las violencias económicas-financieras que combina su intensificación y aceleración y que reconfigura las posibilidades de supervivencia de las mayorías.

La aceleración de la violencia económica a través de lo que hemos llamado *extractivismo financiero* encuentra en las plataformas su medio predilecto. Desde la pandemia, las empresas llamadas *FinTech* (tecnología financiera) se consolidaron y se expandieron como medios de pago, de especulación y, sobre todo, como fuentes de endeudamiento.

En la domesticidad reorganizada durante la pandemia, la deuda evidenció de modo paradójico la combinación entre su capacidad de resolución de emergencias frente a la caída de los ingresos y el aumento del trabajo no remunerado necesario para sostener la vida. Las recientes medidas de ajuste estructural lanzadas por el gobierno de Milei radicalizaron y extendieron estos procesos (desregulación absoluta de precios, tarifas de servicios, intereses de las tarjetas de crédito, etc.), produciendo resultados inéditos en términos de velocidad del empobrecimiento de la población y difusión de herramientas financieras para acelerar el endeudamiento. De modo tal que, en el caso de Argentina, los vínculos entre los efectos de la pandemia y el ascenso de la ultraderecha son estrechos.

El *hogar*, en un contexto de privatizaciones y desregulaciones neoliberales, se ha destacado por una creciente cantidad de dispositivos que se utilizan para transferir actividades desde los ámbitos asalariados hacia el trabajo no remunerado, y se ha convertido en un espacio de permanente gestión tecnológica de las finanzas personales. En primer lugar, entendemos que el teléfono móvil y la infraestructura de comunicación digital ha tomado un rol fundamental en la gestión de la reproducción social. Es allí donde las plataformas digitales se afirman tanto como infraestructura para tomar deuda (el caso de las billeteras virtuales que ofrecen créditos de forma rápida) como para obtener trabajos intermitentes y precarios (plataformas que ofrecen servicio de transporte, de alquiler, etc.) para pagar deudas acumuladas y combinarlo con el trabajo de cuidados no remunerado.

La articulación del capitalismo financiero con las plataformas virtuales permite organizar la cooperación social como fuerza productiva a la vez que –como sugiere Josep Vogl (2023)– echa mano del resentimiento como el afecto que comanda su individualización.

Siendo versátiles a la hora de resolver múltiples tareas de la reproducción social en medio de la precariedad, las plataformas financieras devinieron actores fundamentales de este nuevo umbral de extractivismo financiero que inauguró la pandemia pero que se intensificó a partir de la desregulación de la economía.

Descomposición de la institucionalidad política vía aceleracionismo neoliberal fascista

Este sistema de gobernanza se sostiene a través de tres vectores: la capacidad de destrucción (despidos masivos, la eliminación de órganos del Estado enteros, la destrucción de los vínculos sociales fomentados por grupos comunitarios); la creación del caos (políticas de *shock* neoliberales y la imposición de nuevas políticas y normas, algunas de ellas inconstitucionales); y el despliegue de crueldad (retener alimentos de la gente más pobre y vanagloriarse de ello, festejar los despidos estatales).

La velocidad es estratégica en esta forma de gobierno porque cumple distintos objetivos. Por un lado, es un balance de experiencias neoliberales anteriores, bajo la idea de *hacer lo mismo, pero más rápido*. Por otro lado, aporta a la construcción de una *radicalidad* que antagoniza con la sensación de inmovilidad de los gobiernos previos. Por último, antagoniza de forma concreta con el tiempo que implica la producción de alianzas políticas y de sostener instancias de organización para tomar la calle.

La llamada *calma financiera*, conseguida en los últimos meses por el gobierno y festejada internacionalmente, es una forma de producción de gobernabilidad: un gobierno del tiempo de la conflictividad tomando deuda, lo que produce una sensación de estabilidad en la economía sostenida a base de incrementar la recesión. Una doble pinza financiera sostiene la motosierra (el electrodoméstico fetiche de Milei): endeudamiento de las familias y endeudamiento estatal; combinado con la velocidad del *shock* del empobrecimiento y la canalización de las energías a la sobrevivencia, así como la *radicalización* que quiere condensar la crisis de la institucionalidad democrática.

Milei deriva su poder de sus vínculos con fondos de inversión (como *BlackRock*) y con poderosas corporaciones con intereses extractivistas (de ahí sus frecuentes visitas a Elon Musk). Estos profundos vínculos se hacen evidentes al mismo tiempo que la sociedad argentina está siendo reconfigurada por nuevos extremos del capitalismo hacia un modelo -como ya señalamos- extractivo y bélico.

La sociedad argentina está siendo reconfigurada por nuevos extremos del capitalismo hacia un modelo extractivo y bélico

Los obstáculos que nos encontramos desde las luchas feministas

La guerra económica contra la población pone en crisis las condiciones de supervivencia y a la vez las condiciones de reproducción de las luchas. Es importante volver sobre una secuencia histórica que tiene al 2001 como contrapunto con el estado de situación actual.

A diferencia de aquella crisis, no nos encontramos con una crisis de desempleo, sino con una situación de pluriempleo y endeudamiento que disputa tiempo y energía física y psíquica con la posibilidad de organizarse.

El agotamiento, la depresión, el estado de incertidumbre que se acelera a partir de la aplicación de una guerra contra la reproducción social, desafían la capacidad de armar un cuerpo colectivo para sostener las luchas e imaginar desobediencias.

Los costos de la crisis se han privatizado en cada casa y han secuestrado la posibilidad de hacerse tiempo para luchar e imaginar en común. Al mismo tiempo, la aplicación de un ajuste sobre los ingresos populares que, desde el 2018, no dejan de caer, junto con la estabilización del endeudamiento como recurso permanente, han producido que el llamado a la austeridad y el sacrificio devengan un lenguaje popular.

La deuda se *metió en las casas,* organizando una economía cotidiana en la que palabras como *sacrificio* o expresiones como *no hay plata* (utilizadas por el presidente) parecen coincidir con el realismo práctico de las mayorías.

En medio de una lucha permanente por los recursos, el resentimiento es una afectividad que ha tomado una preponderancia. El resentimiento -si evocamos la definición de Adorno (2021)- vehiculiza un desplazamiento en la atribución de causas y culpas por la situación de padecimiento. Es un sentimiento causado por la pérdida de poder en sociedades neoliberales con una alta concentración de la riqueza.

En Argentina, la estrategia del gobierno de promover una guerra entre quienes tienen aún algún derecho para señalizarlos como privilegiados hace mella incluso en la posibilidad de establecer solidaridad entre las luchas. Las luchas contra los despidos de lxs trabajadoras estatales o contra la privatización de organismos públicos, son miradas con indiferencia -o hasta hostilidad- por una parte de la sociedad que no se siente beneficiaria de esos *derechos.*

En Argentina, el feminismo hizo un trabajo de costura y acercamiento entre distintas realidades laborales: los paros feministas han sido momentos en que se ha logrado unidad y transversalidad y, sobre todo, experiencias comunes para percibir y dimensionar la heterogeneidad de la explotación. Sobre eso, la ultraderecha trabaja intentando quebrar confluencias, segmentando en pequeñas guerras cuasi personales las fronteras de los padecimientos, los escalones del deterioro.

En Argentina, la estrategia del gobierno de promover una guerra entre aquellxs que tienen aún algún derecho para señalizarlos como privilegiados hace mella en la posibilidad de establecer solidaridad entre las luchas

La direccionalidad de este afecto es un desafío permanente en nuestra práctica política, que antagoniza de forma directa con la posibilidad de tramar y tejer alianzas políticas entre una composición cada vez más heterogénea entre quienes vivimos de nuestro trabajo.

Queremos proponer allí una política de la interseccionalidad -en su genealogía en Améfrica Ladina, como la propone Mara Viveros Vigoya (2023)- como antídoto frente al encapsulamiento permanente de los conflictos entre los sectores afectados.

Por último, el otro gran desafío con el que nos estamos encontrando es la posibilidad de articular frente a la caotización de la vida cotidiana. Si la gobernabilidad de la ultraderecha como fuerza política se construye en la producción de caos, propio del aceleracionismo neoliberal fascista, la tarea de la articulación, de la composición y la confluencia de las luchas, se vuelve un permanente dilema entre emergencias y focos de conflictos que se multiplican.

Jubilaciones, educación pública, salud mental y vivienda: conflictos concretos de recomposición de la trama política

La secuencia temporal que va desde la asunción de la ultraderecha está marcada por la proliferación de una conflictividad en múltiples ámbitos que van desde lxs trabajadores estatales, la economía popular, las universidades, los despidos en el sector privado y la respuesta frente a los ataques contra los transfeminismos.

Esta conflictividad se ve sorprendida por la no negociación de ningún tipo, sino, por el contrario, la negación de todo tipo de mediaciones. Esto se combina con una pedagogía permanente de la impotencia que el gobierno propone para desmoralizar a quienes se movilizan.

Sin embargo, esta situación no ha impedido que aparezcan conflictividades que intenten recomponer la trama política y muestren una oposición que dispute y recupere la radicalidad de las prácticas políticas que siguen asumiendo la exigencia de liberación. Luchas como las que protagonizan los y las jubiladas, las y los estudiantes universitarios, los feminismos y los sectores más combativos del sindicalismo mantienen una dinámica política de no abandonó de la calle. Un espacio que, hay que remarcarlo, el gobierno no logra conquistar.

¿Qué hacer?

Esto es lo que más nos interesa, no nos sentimos cómodas con asumir el "realismo capitalista" (Fisher, 2023). Durante todo este año hicimos asambleas, apostamos a fortalecer redes, a entramarnos con los diferentes conflictos, a la vez que sostuvimos las instancias de organización transversal.

Un ciclo de movilizaciones feministas que en 2025 cumple 10 años -con la primera movilización masiva de *Ni Una Menos* en junio de 2015- y desde donde hemos sabido traducir el malestar en organización, construir masividad y operar en interseccionalidad. Un proceso que, por supuesto, ha tenido límites y errores pero que de ninguna manera son aquellos que la reacción (por izquierda y por derecha) quiere hacer pasar como balance público. En esa clave nos parece fundamental sostener algunas cuestiones:

Primero. Es necesario reafirmarse en la radicalidad contra la culpabilización que intenta desterrar la memoria de radicalización del último ciclo de lucha. Así, se pretende reducir el largo y extenso ciclo de lucha feminista (por lo menos el de los feminismos populares latinoamericanos) a un plano meramente simbólico, ahí justo donde hubo transformaciones concretas para poner en crisis la modulación subjetiva, afectiva, material del neoliberalismo. Los paros feministas, las luchas por el derecho al aborto y contra la precarización del trabajo, las luchas por la vivienda, contra la deuda externa y privada son confrontaciones materiales con zonas donde el neoliberalismo produce inseguridad y en las que la ultraderecha le contrapone la intemperie del mercado.

Segundo. Al mismo tiempo, nos parece indispensable renarrar las violencias. Uno de los saldos del proceso de masificación del feminismo ha sido la repolitización de las violencias y la capacidad para dar cuenta de las guerras que se libran en la reproducción social entramando violencias financieras, institucionales, racistas y machistas. Hoy nos encontramos en un pasaje de umbral que nos exige repensar no sólo la conceptualización de las violencias, sino también los mecanismos de autodefensa, una vez que se despliega una contraofensiva que disputa la radicalidad con nosotrxs. Este es un proceso paralelo a la crisis del pacto democrático liberal -conseguido en países como el nuestro como efecto de luchas antidictadura y de peleas radicales por los derechos humanos- y es un marco del que se ha retirado la élite económica, pero que nosotras y nosotros quedamos sosteniendo. De hecho, es el que permite la insistencia en luchas antirepresivas. La pregunta es qué prácticas podrían ser hoy de contraviolencia o de autodefensa frente a este nivel de destrucción y crueldad, una vez que el uso de la violencia como estrategia de liberación no está entre las opciones/repertorios de acción de los movimientos; está aún en elaboración.

Tercero. Insistimos en disputar desde la reproducción social: se trata de disputar la resolución de la interdependencia desde una lógica antineoliberal y antifascista. Para eso las luchas por la reproducción social son y seguirán siendo esenciales. Esto implica un programa político que dé solución a las mayorías (alimentación, vivienda, salud, educación, etc.), explorando formas de organización que se hagan cargo de los puntos donde el neoliberalismo ha producido legitimidad política por abajo. Construir política desde la reproducción social es *estratégico,* tanto como laboratorio de otras formas de resolver la interdependencia como de cuestionar el consumo, y de poner límites a la violencia de la explotación en la vida cotidiana. Es allí donde está contenida, aún en un marco de guerra, la posibilidad de disputar el tiempo para la producción de vida en común. Dicho de otro modo, no hay formas de combatir el agotamiento del trabajo sobreexplotado y precario sin hojaldrar otras temporalidades en la reproducción social, lo que implica seguir desarrollando un sindicalismo feminista que organice la confrontación con la explotación laboral, financiera, afectiva y algorítmica.

Construir política desde la reproducción social es estratégico tanto como laboratorio de otras formas de resolver la interdependencia y de poner límites a la violencia de la explotación en la vida cotidiana

Cuarto. Es necesario construir organización de una forma multiescalar y capilar: la ultraderecha ha copiado esta metodología. Sonia Corrêa (2024) propone pensar estas fuerzas reaccionarias bajo la figura de la "hidra", en tanto un ecosistema complejo y mutante en que se mueven fuerzas religiosas, seculares, empresariales, intelectuales y políticas. Es evidente que responde, replica y busca capturar también a un modo multiescalar e internacionalista de organización feminista que no podemos abandonar. Esto implica identificar los puntos donde las ultraderechas están encontrando terrenos de batalla (redes sociales, universidades, escuelas, lugares de trabajo, hospitales, economía de plataformas). Profundizar nuestra política de la capilarización implica un tejido de alianzas y una lucha cuerpo a cuerpo en cada escuela, en cada hospital, donde proliferan los discursos y prácticas contra la *ideología de género.* Hoy en Argentina esta batalla es cotidiana y central. La combinación de planos y escalas tiende a la dimensión estatal a través de las políticas públicas como puntos estratégicos que se están atacando o cambiando su orientación a una conservadora o familiarista.

Cinco. Disputar el futuro: La guerra cultural que la ultraderecha está librando tiene un componente furioso de disputa sobre el futuro. Diversxs autorxs caracterizan a estas fuerzas como un "aceleracionismo reaccionario" **1/** que sitúan el pasado en el futuro o, como señala Judith Butler (2024), apelan a un pasado mítico a restaurar que nunca existió. La recuperación de una "familia ideal" funciona de una forma fantasmática (*ídem*), al mismo tiempo que se explota y aplana la capacidad de *especular* sobre el futuro en una dimensión eminentemente financiera. En ese sentido, la disputa por la educación de la juventud **2/** es elocuente. Necesitamos proponer un futuro en común, que sin ser el de la especulación financiera, no sea el de la catástrofe. La aparición de un gran movimiento estudiantil por la educación pública marca un punto de inflexión en este sentido, porque ha sido una demostración profundamente transversal, multisectorial e intergeneracional de fuerza, de dignidad y de orgullo. También porque la juventud ha entrado en escena, sacándose de encima el sesgo culpabilizador que se le quiere endilgar por los triunfos electorales de la ultraderecha. Esa misma juventud que ya fue también culpabilizada por su pasividad pospandemia y que es hoy disputada por la explotación financiera (que a través de síntomas como la ludopatía no hacen más que expresar esa disputa por el malestar). El acumulado sensible, organizativo, de lenguaje y de alianzas feminista está también en acto en esos liderazgos juveniles, en sus formas de ocupación de la calle, en su deseo contagioso de no dejarse robar la protesta y la fiesta.

Luci Cavallero, feminista, licenciada en sociología e investigadora de la Universidad de Buenos Aires. Sus trabajos abordan el vínculo entre deuda, capital ilegal y violencias. Junto a Verónica Gago acaba de publicar el libro *Una lectura feminista de la deuda*.
Verónica Gago, filósofa, politóloga, investigadora y activista feminista argentina. Autora de *La razón neoliberal. Economías barrocas y pragmática popular*, entre otros textos. Su trabajo articula el mundo de la investigación, la academia y el activismo desde el feminismo.

1/ https://legrandcontinent.eu/es/2024/11/08/con-trump-la-era-de-la-aceleracion-reaccionaria/
2/ La Comisión Nacional de Valores (CNV) habilitó a los menores de edad de 13 a 17 años para operar en el mercado de capitales y se designó a Juan Bautista Ordoñez, ex CEO de una casa de apuestas *online*.

Referencias

Adorno, Theodor W. (2021) *Rasgos del nuevo radicalismo de derecha*. Buenos Aires: Taurus.

Brown, Wendy (2020) *Neoliberalismo en ruinas*. Buenos Aires: Tinta Limón.

Butler, Judith (2024) ¿Quién le teme al género? Buenos Aires: Paidós.

Cavallero, Luci y Gago, Verónica (2019) *Una lectura feminista de la deuda. ¡Vivas, libres y desendeudadas nos queremos!* Buenos Aires: Tinta Limón / F. Rosa Luxemburgo.

(2021) *La casa como laboratorio: vivienda, finanzas y trabajo esencial*. Buenos Aires: Tinta Limón / CLACSO.

Corrêa, Sonia (2024) "En seis meses, Milei resumió treinta años", disponible en https://www.eldiarioar.com/sociedad/sonia-correa-activista-e-investigadora-feminista-seis-meses-milei-resumio-treinta-anos_1_11765936.html

Gago, Verónica (2014) *La razón neoliberal. Economías barrocas y pragmática popular*. Buenos Aires: Tinta Limón.

Viveros Vigoya, Mara (2023) *Interseccionalidad. Giro decolonial y comunitario*. Buenos Aires: CLACSO.

Vogl, Joseph (2023) *Capital y Resentimiento*. Buenos Aires: Hidalgo Editores.

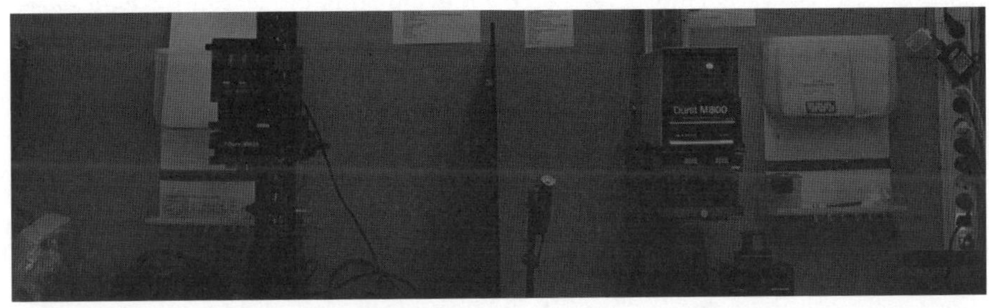

6. MARXISMO, FEMINISMO Y DECOLONIALIDAD: UN CRUCE DE LUCHAS Y PERSPECTIVAS

Entrevista a Jasbir K. Puar
Algunes de nuestres peores enemigues son *queer*

Paula Serna e Ira Hybris

■ Jasbir K. Puar es una teórica *queer* estadounidense. Precursora del término homonacionalismo, ha mostrado que desde la academia se puede contribuir a plantar cara a las estrategias estatales de dominación. Entre sus principales obras se encuentra *Ensamblajes terroristas: El homonacionalismo en tiempos queer* (2017) y *El derecho a mutilar* (2022). Durante octubre de 2024 Jasbir K. Puar ha recorrido diversas ciudades de la geografía del Estado español, entre ellas, la Universidad de Valladolid en el marco del Congreso académico de estudios LGBTIQA+ Maricorners, en el que la profesora Puar fue la invitada a dar la conferencia plenaria bajo el nombre Queers for genocide -*Queers* por el genocidio-. Hacer esta entrevista en una universidad, en este caso en la facultad de Filosofía y Letras de Valladolid, en cuyo *hall* se llevaron a cabo asambleas en apoyo a Palestina, supone tener en mente las imágenes de las acampadas estudiantiles que se constituían a lo ancho del Estado español y no olvidar la contradicción que supone que las mismas instituciones que mantienen intactas sus relaciones con empresas que financian el genocidio alberguen ponencias como la de Jasbir K. Puar.

Paula Serna e Ira Hybris: Queríamos comenzar hablando de las acampadas de estudiantes y jóvenes internacionalistas en solidaridad con Palestina que han surgido a lo largo del mundo y que, aquí, en el Estado español, demostraron un claro liderazgo *queer*, pues la militancia LGTBIAQ jugó un papel central en la logística y elaboración política del movimiento. Tal vez deseas comentar algo sobre esta relación entre la autoorganización *queer* y la solidaridad con el pueblo Palestino, especialmente teniendo en cuenta que el Estado sionista de Israel siempre ha instrumentalizado nuestras vidas como parte de su proyecto colonial e imperialista.

Jasbir K. Puar: Sí, es hermoso ver cómo ha evolucionado la organización *queer* en torno a Palestina. La crítica al *pinkwashing*, que tuvo su origen hace unos 15 años, surgió de les militantes libaneses en 2006, que partían de pensar en la identidad *queer* como una conversación con les palestines *queer* y, por lo tanto, la organización estaba en gran medida basada en la identidad. Sin embargo, en los últimos 15 años hemos visto la expansión de esa militancia más allá del tipo de identificación con otres *queers* para convertirse en una fuerza importante en la organización de la izquierda en general; particularmente en la organización de la izquierda radical, porque son espacios que realmente necesitan la atención que les militantes *queer* y trans brindan a las cuestiones de la sexualidad *queer*, especialmente cuando estas identidades se convierten en un arma por parte del Estado de Israel.

Las acampadas de palestina son una suerte de movilización masiva en las comunidades LGBTIQ porque la crítica al *pinkwashing* se ha vuelto común. Ha habido tanta educación política, particularmente por parte de les palestines *queer*, sobre este uso pernicioso y esta retórica del *pinkwashing* que cada vez más *queer* se involucran en la lucha por Palestina. Sin embargo, también creo que el discurso del *pinkwashing* ya no tiene la misma fuerza que antes, pues es conocida la forma en que el Estado, y no sólo de Israel, sino muchos Estados, despliegan y convierten, muy cínicamente, en sus armas categorías de identidad para encubrir la violencia.

P. S. e I. H.: Justo al contrario, has titulado tu conferencia Queers for Genocide, que es un título realmente brillante y evocador. Pero tal vez puedas decirnos qué provocación bucas con esto, ¿qué intentas transmitir con esta consigna?
J. K. P.: Cuando le doy este título a militantes, la gente se pone muy inquieta y pregunta: ¿qué quieres decir con Queers por el genocidio? Creo que lo que estoy tratando de hacer en realidad no es en absoluto invisibilizar a las personas *queer* que luchan contra el genocidio (de hecho quiero honrar ese trabajo), sino decir algo sobre cómo creo que todavía miramos a las personas *queer* israelíes y el Ejército como *pinkwashers,* y no creo que lo sean, creo que son genocidas a secas.

Por eso quiero establecer una especie de conexión entre el *pinkwashing* como ideología liberal que utiliza los derechos LGTBI y, por otro lado, lo que está sucediendo ahora, que no es liberal en absoluto, es genocida y fascista. Cuando miramos a los soldados israelíes que son *queer,* que manifiestan una especie de retórica de lavado rosa, podemos notarlo. Y podemos notar que todavía hay personas que caen en esa trampa. Pero también podemos señalar que se ha superado con creces el discurso del *pinkwashing.* Es una posición genocida y brutalmente cruel que consiste en poder actuar violentamente con impunidad, y eso es algo más que simplemente *pinkwashing.* A mi entender, excede el uso algunos de estos términos como *pinkwashing,* homocapitalismo u homonacionalismo.

P. S. e I. H.: Esta afirmación nos recuerda a la idea de Sophie Lewis cuando dice que “algunas de mis peores enemigas son feministas”.
J. K. P.: Tenemos que reconocer que *queer* no es una identidad pura y que no hay una posición política pura en esto. En línea con Sophie Lewis, no hablamos del feminismo en términos de malas y buenas feministas, pero hay un rango en el que el feminismo inspira una variedad de posiciones, las cuales no son todas anticapitalistas o antiimperialistas. Lo mismo sucede con las personas *queer,* tenemos que aceptar que estos son nuestres compañeres de cama y qué vamos a hacer al respecto.

P. S. e I. H.: Mencionaste que, de alguna manera, la situación actual ha superado el homonacionalismo, que es este término que conceptualizaste para explicar cómo el aparato estatal liberal instrumentaliza los derechos LGBTI para ejercer el poder imperial. Ahora podemos ver que hay una tensión entre ese homonacionalismo y lo que nuestro camarada Peter Drucker llama heteronacionalismo, en medio de una creciente fascistización del Estado, y cómo la visión autoritaria está propiciando un giro reaccionario en la política. Si quieres, háblanos más sobre esta dialéctica entre una reacción contra lo *queer* y las cuestiones feministas, al tiempo que estas mismas son convertidas en armas imperialistas.
J. K. P.: Ahora el homonacionalismo se ha convertido en el territorio de las estructuras de gobierno global, sigue siendo el léxico de la gobernanza liberal, como muestran el FMI y el Banco Mundial. Rahul Rao también escribe sobre esto en términos de homocapitalismo. Como siguen siendo instrumentos liberales de

gobierno global, todavía están comprometidos, aunque no sabemos por cuánto tiempo, a defender ese tipo de discurso civilizatorio de inclusión, tolerancia, diversidad... Así que todavía hay muchos ejemplos de homonacionalismo en estas estructuras globales de gobernanza. Al mismo tiempo, dichas estructuras permiten que todos estos gobiernos autoritarios y fascistas utilicen una retórica antitrans y anti*queer* para reforzar su control. Y esto conlleva en gran medida un retorno a la familia heteronormativa o un refuerzo de la misma.

El homonacionalismo se ha convertido en el territorio de las estructuras de gobierno global, sigue siendo el léxico de la gobernanza liberal, como muestran el FMI y el Banco Mundial

El nacionalismo heteronormativo es un concepto muy antiguo del pensamiento feminista transnacional de los años 90, así que no hay nada nuevo en eso. Creo que lo interesante es que el tipo de movimientos antitrans, anti*queer* y TERF que se dicen contra lo que denominan *ideología de género,* en realidad son fundamentales para la forma en que el fascismo está ganando popularidad.

Muchas personas que teorizan sobre el fascismo todavía ven este tipo de discursos en torno al género y la sexualidad como un epifenómeno cuando, al final, la regulación sexual y de género y la pureza racial son centrales en las teorías fascistas. No hay nada epifenoménico en los movimientos antitrans y anti*queer* y de ideología antigénero contemporáneos, pues son centrales a la forma en que funciona el fascismo.

P. S. e I. H.: En estos tiempos de crisis hemos visto un cambio realmente importante en la forma en la que les camaradas *queer* nos organizamos de la mano de una contestación a la política liberal. En este escenario hemos visto el florecimiento de nuevos análisis y praxis en torno a teorías marxistas *queer* y trans. Y querríamos saber qué piensas o cómo estás percibiendo esta eclosión del marxismo *queer* a nivel internacional.

J. K. P.: Sí, es algo hermoso. Creo que se trata de un reconocimiento para aquellas autoras que, ya desde los 80, gestaron una versión del marxismo *queer,* como Gayle Rubin, Rosemary Hennessy u otras pensadoras materialistas. Quien escribe más bellamente sobre esto es Patrice Lumumba, que sostiene que nunca ha habido realmente una división en torno a lo *queer* y el marxismo, que esta tuvo que ser producida.

Por otro lado, esta investigación marxista *queer* que está surgiendo actualmente tiene mucho que ver con asegurarse de que la raza tenga el lugar que se merece en nuestra investigación. Se trata de trabajos que prestan mucha atención a los análisis geopolíticos y a la comprensión de la producción de la racialización.

P. S. e I. H.: Cuando hablamos de Palestina siempre pensamos en lo *queer*, en el homonacionalismo, en la raza..., pero el capacitismo suele quedar fuera de esta ecuación. Así que si pudieras explicarnos por qué es tan importante hablar también de esta cuestión al abordar la forma que toma la biopolítica en Israel, lo que en tu último libro has llamado derecho a mutilar...

Esta investigación marxista *queer* que está surgiendo actualmente tiene mucho que ver con asegurarse de que la raza tenga el lugar que se merece en nuestra investigación

J. K. P.: Lo que estamos presenciando ahora mismo es la primera mutilación masiva televisada de la historia, y creo que esto va a tener profundas implicaciones en la forma en que pensamos acerca de la discapacidad, así como en la forma en que empezamos a pensar cada vez más en términos de debilitación. La discapacidad es una política de minorías. Trata de personas que no son normativas. Pero la debilidad es una comprensión de la masificación del daño, es una política endémica. No es una política de identidad. Comprende la incapacidad de cohesionar el daño en un cierto tipo de narrativa o en un cierto tipo de cuerpo. Aunque, por supuesto, podamos desconfiar de sus cifras, la ONU tiene varias estadísticas que han señalado que en 2050 puede haber hasta un 20-25% del mundo descapacitado. Pero también sabemos que una parte desproporcionada de esa discapacidad se da tanto en el Sur global como en las comunidades marginalizadas del Norte global.

Acabada nuestra entrevista procedemos a escuchar la ponencia plenaria de Jasbir en la que pronunció la siguiente frase con la que queremos dar cierre a esta entrevista: “Cuando nos preguntamos si el Estado de Israel tiene derecho a existir, lo que realmente deberíamos preguntarnos es: ¿Qué Estado tiene realmente el derecho a existir?”

Ira Hibris, militante transfeminista y pensadora comunista *queer* del Estado español. Ha coordinado la antología *Las degeneradas trans acaban con la familia* (Kaótica, 2022).
Paula Serna, socióloga, forma parte de la junta directiva de Maricorners, Congreso académico de Estudios LGTBIQA+. Ha escrito en diversos medios sobre envejecimiento con perspectiva de género.

ecosocialismo

Jorge Riechmann

Desencantados del progreso, bienvenidos al Colapsoceno: un diagnóstico radiográfico, explicativo e inteligente de nuestro pasado/presente/futuro

Matías Escalera Cordero

■ Lo primero que habría que decir es que, en un país en el que el ensayo crítico queda reducido a espacios marginales de la edición, el que existan sellos que bregan, contra viento y marea, por mantener esos espacios, es algo que merece todo nuestro apoyo. En segundo lugar, que si este artículo/reseña (a destiempo, en tiempo) se refiere y comprende dos títulos distintos de los mismos autores: Andoni Alonso, profesor de la Universidad Carlos III de Madrid, e Iñaki Arzoz, investigador independiente navarro: ambos de larga trayectoria de escritura en común bajo el heterónimo de *Cibergolem*, es porque para entender bien el libro más reciente, *Bienvenidos al Colapsoceno: Distopía, horror y tecno-magia* **1/**, de 2023, hay que tener en cuenta, al menos, el anterior, *El desencanto del progreso: para una crítica luddita de la tecnología* **2/**, de 2021, pues de este se sigue, sin duda, la lógica del segundo, ya que ambos constituyen una verdadera radiografía, muy fundamentada y extraordinariamente explicativa -de ahí, su interés-, no solo de lo que somos y seremos en las próximas décadas, sino, también, de por qué lo somos y por qué los seremos, lo que es aún más sugestivo.

En *El desencanto del progreso: para una crítica luddita de la tecnología*, la cuestión que se plantea, básicamente, es la siguiente: si Ned Ludd, el airado y legendario trabajador del condado de Leicestershire de finales del siglo XVIII, que destruyó el telar mecánico que esclavizaba a su novia (cuya acción espontánea inspiró, varios decenios después, al movimiento *luddita* organizado, vigente durante las primeras décadas del siglo siguiente: nuevos proletarios propagadores de su frontal oposición al maquinismo en que descansaba la Revolución Industrial), y esos primeros *ludditas* nos vieran pegados a nuestros móviles, ordenadores, tabletas, robots y demás dispositivos electrónicos de los que dependemos y que nos roban las palabras, el tiempo y el cuerpo, ¿qué pensarían, qué harían...?

Seguramente, no se extrañarían de vernos encadenados a eso que los autores del libro llaman *tecno-hermetismo* o *digitalismo* (la *megamáquina*, en suma); no se extrañarían de vernos incapaces, ya, de expresar el mundo

1/ *Bienvenidos al Colapsoceno: Distopía, horror y tecno-magia*, de Andoni Alonso e Iñaki Arzoz. Presentación de Adrián Almazán. Irrecuperables, 2023 (278 páginas).

2/ *El desencanto del progreso: para una crítica luddita de la tecnología*, de Andoni Alonso e Iñaki Arzoz. Presentación de Josep Maria Esquirol. Dykinson, 2021. Patrocinado por la Universidad Complutense de Madrid y la Universitat de Barcelona (167 páginas).

si no es apresuradamente, en unos cuantos memes, emoticonos o caracteres (víctimas voluntarias de una progresiva reducción y empobrecimiento lingüístico y discursivo que nos ha alejado del análisis complejo de la realidad) y enfangados en esta especie de "pereza metafísica y nihilista", virada al mero consumo de cosas, que señala Josep María Esquirol en su prólogo: abducidos por el mantra supersticioso de la *innovación* y rendidos incondicionalmente a ese particular nihilismo heideggeriano que señalan los autores, según el cual (Heidegger *dixit*) el destino de la especie humana es la tecnología, por lo que no podemos rebelarnos a su fatal y categórico cumplimiento, aunque ese destino nos lleve, indefectiblemente, a la "destrucción y al dolor", así como a la fatal renuncia del lenguaje, el marchamo y santo y seña de nuestra especie.

"Esta época apesta a frase hecha", afirma, en uno de sus aforismos, K. Krauss -uno de los héroes *ludditas* por excelencia-. ¿Qué diría, en estos tiempos de X..., en los que el significado ha quedado barrido y solo restan significantes vacíos, la mentira convertida en *post-verdad*...? ¿Qué diría, en fin, de estos -nuestros- cuerpos obsoletos, "transhumanos", "maquinizados", mercantilizados y alienados...? Y de estas -nuestras- vidas vaciadas, como vacías quedaron las *ilusionantes* posibilidades que albergaban las "multitudes sabias" y la "tecnopolítica" o "política2.0", a principios de este siglo... Qué diría, en suma, de -nuestros- espacios expropiados y enajenados, se preguntan también -¿definitivamente?- los autores.

El *maquinismo*, desde el principio, fue un constructo ideológico que no nos tuvo en cuenta, un dispositivo ideológico y práctico que no estaba -ni está dispuesto- *para* nosotros, sino *contra* nosotros

Sea como fuere, debemos suponer que, si nos vieran, dos siglos después de su aguda y clarividente premonición, esos *ludditas* de las primeras décadas del siglo XIX no harían más que confirmar sus temores... ¡Os lo avisamos!, nos dirían. La *máquina*, el *maquinismo*, desde el principio, fue un constructo ideológico que no nos tuvo en cuenta, un dispositivo ideológico y práctico que no estaba -ni está dispuesto- *para* nosotros, sino *contra* nosotros, no hay *herramientas neutrales* (afirmarían ellos y afirman, también, Andoni Alonso e Iñaki Arzoz). Claro que podría haberse optado por el otro camino, el de nuestra felicidad -la de sus constructores-, pero, desde su diseño inicial, la *máquina* -desde los telares de vapor y el ferrocarril, hasta la bomba atómica o Internet- no estuvo pensada ni trazada para ello; y esta es, justamente, la tesis central sobre la que se levanta toda la trama argumentativa de este ensayo: que es "el diseño mismo de estas tecnologías lo que lleva al embrutecimiento", no necesariamente su uso.

Es por todo esto por lo que las distintas respuestas *ludditas* posibles: intuitivas -irracionales, incluso- o *reflexivas,* fundadas en los datos, en la razón y en el análisis de las consecuencias, que se han dado a lo largo de estos dos siglos, sean todas *explicables* e inevitables, aunque, en opinión de Andoni Alonso e Iñaki Arzoz, lo preferible sea una respuesta reflexiva, crítica y equilibrada, de paciente y "laboriosa resistencia" micro-política, alejada tanto de los ciegos maximalismos *desarrollistas* y *tecnopolíticos,* como de "los delirios antitecnológicos", encaminada a posibilitar un nuevo y efectivo "pensamiento alternativo [al neoliberalismo] de izquierdas", pragmático, que se centre en los problemas cotidianos de las gentes, de modo que posibilite el surgimiento de un *público real,* frente a la ilusión de la *masa virtual,* tal como querían Dewey y Habermas, pues la tecnología, ni siquiera la más potente y desarrollada tecnología digital de la comunicación (la *megamáquina* comunicacional actual), no es *la* solución, pues no deja de ser una *herramienta,* lo que no supondría ningún problema en otras *circunstancias materiales* (ecosocialistas, por ejemplo), en otros "estilos de vida", como les gusta decir a los autores, tomando la palabra a Ortega y Gasset.

En efecto, la tecnología digital sería una oportunidad extraordinaria de avance democrático y social, como soñaron los pioneros allá por los años ochenta y noventa del pasado siglo, si no estuviera en manos de nuestros amos, si su desarrollo no hubiera sido el fruto de esta concreta *circunstancia material* histórica denominada neoliberalismo, porque lo que realmente está en juego -siempre- es la "propiedad del mundo".

Y, como sostienen Andoni Alonso e Iñaki Arzoz, en esta "sociedad del espectáculo" neoliberal -*tecno-entusiasta* y nihilista, a partes iguales-, en esta auténtica guerra por la *propiedad del mundo* y por el control de la imaginación y de los sueños, la ficción distópica -las ficciones distópicas, hablando en propiedad, ya sean literarias o televisivas y cinematográficas- juega un papel decisivo, convirtiéndose en uno de los teatros de operaciones preferidos en la disputa de ese control, pues las distopías, nos dicen, son uno de los modos de "exorcizar el desasosiego" general ante el futuro preocupante, que la mayoría -se quiera o no- prevé o intuye, convirtiendo esta ansiedad -mediante ficciones apocalípticas sabiamente dirigidas- en gozo estético placentero, dirigido al dominio de la imaginación de las *masas* (a estas alturas, ya *digitalizadas* y *virtualizadas*) y de sus sueños.

La ficción -literaria o no- se ha convertido, una vez más (nunca lo ha dejado de ser, en verdad), en un campo de batalla ideológico -y prácticoesencial; por lo que el dominio de sus códigos y canales, de los relatos, en suma, se ha convertido, también, una vez más (nunca lo ha dejado de ser, tampoco), en tarea primordial, para ellos y para nosotros; tan primordial, como lo es, también, elaborar y oponer una crítica efectiva de las supersticiones *tecno-herméticas* (e "hipersticiones") que pretenden convencernos de la salvación mágica de la especie -en realidad, de un grupo muy *seleccionado* y escogido de ella- *in extremis.*

Y todo este esfuerzo de confrontación *escritural* hay que hacerlo a pesar de su inutilidad y cuando los mecanismos del colapso son, en buena medida, ya irreversibles. Y a pesar de que el intento de disputar las ficciones y los sueños que fundamentan el imaginario colectivo está, muy probablemente -casi con seguridad, según los autores-, destinado al fracaso, por lo que no sirve de mucho, ya que la escritura misma, desde hace un tiempo, también resulta un fenómeno inútil, el resto arqueológico de un pasado ya acabado.

Aun así, hay que continuar en la brecha, no abandonar la trinchera, aunque solo sea por ser fieles a esa "política de la impotencia" a la que se refería Ivan Illich, ese "incómodo maestro que siempre nos ha acompañado", afirman los autores; o por un cierto sentido -*ejercicio,* dicen, ellos- de dignidad (o porque, si lo podemos hacer, debemos hacerlo, añadimos nosotros), además -añaden, también, ellos- de por el mero gozo de "pensar [y pensarnos] en común", hasta el final, hasta el definitivo síncope.

Una tarea nada heroica ni grandiosa, que no trata de ofrecer "la piedra filosofal del anticolapaso", pero sí, al menos, "dejar constancia de las pesadillas intelectuales y culturales que nos asaltan, con todas las incoherencias y vacilaciones correspondientes...".

Y fruto de ese esfuerzo de resistencia y dignidad es *Bienvenidos al Colapsoceno: Distopía, horror y tecno-magia,* un volumen-recapitulación, una cuidada selección de trabajos publicados e inéditos, que poseen, según los autores, el mismo "severo y ominoso aire de familia", por el que se puede reconocer "el terrible signo de los tiempos"; una obra miscelánea que, frente a la terca unidad lógica y argumentativa del otro, se presenta como una "encrucijada heteróclita de textos diversos y dispersos, cada uno con su estilo y enfoque particular, más académicos o más literarios", pero con idéntica unidad de sentido.

El primer artículo se titula *La nueva ciudad de Dios revisitada,* dedicado a destripar las claves de la nueva iglesia tecno-hermética del digitalismo, que se extiende por el mundo desde la década final del siglo XX; porque parece indudable que la base del desarrollo y del progreso científico/técnico en Occidente tiene que ver, en buena medida, con la historia religiosa del judeocristianismo, desde Raimundo Lulio, en el siglo XI, a Teilhard de Chardin, en el siglo XX, pasando por los nominalistas del siglo XIV, tal como señala David Noble -al que citan los autores-; como lo es la no menos evidente *liaison* entre el concepto del tiempo lineal escatológico, redentor, judeocristiano y el concepto de progreso tecnológico indefinido, lineal y salvífico que domina desde la modernidad.

Como todas las religiones, la religión científico-tecnológica, y su versión tecno-hermética, la "fe digital", tiene, cómo no, sus propios santos, sus mitos y sus leyendas

Y es ese carácter religioso -aseguran Andoni Alonso e Iñaki Arzoz- el que se acentúa, hasta el paroxismo, en la última, hasta ahora, versión *carismática -neo-testamental,* podría decirse-, del férreo credo tecno-hermético digital. Y, como todas las religiones, la religión científico-tecnológica, y su versión tecno-hermética, la "fe digital", tiene, cómo no, sus propios santos, sus mitos y sus leyendas: en este caso, los más venerados serían: la santa Genética, la santa Inteligencia Artificial, la santa Nanotecnología y la Santa Robótica, entre otras; en las que las y los fieles creen a pies juntillas y de las que esperan el milagro definitivo, que nos salve del Mal, en el último momento.

Porque el pecado, el Mal, en forma de colapso inminente -que ya vislumbraba Max Weber, a finales de la Primera Guerra Mundial-, ha entrado en el mundo global y tecnológico y, en mucha gente, ha quebrado la fe ciega en el poder milagroso y hermético de la tecno-ciencia. Y la duda se extiende, como una mancha de aceite entre la feligresía; localizada, de momento, sobre todo, en una secta herética de renegados y nihilistas que se encuadran en lo que los autores denominan "herejía extincionista", cuyos representantes más señalados serían Graham Harman, Quentin Meillasoux, Eugene Thacker, Ray Brassier, Reza Nagerestani o el escritor Tomas Ligotti, "que han presentado, un sofisticado análisis filosófico que trata de (de)mostrar la inevitable tendencia a la desaparición de la especie", pues, para algunos de ellos, en última instancia, nuestra especie no sería otra cosa que un dañino parásito del organismo terrestre, "un error natural" "malignamente inútil" (Ligotti).

El segundo artículo de la serie, que se titula *Regreso al Planeta prohibido,* dedicado al análisis de la distopía como género *disciplinario* en términos *foucaultianos,* comienza con tres extensas citas premonitoras, muy reveladoras, de *La tempestad,* de W. Shakespeare, de *En las montañas de la locura,* de Lovecraft, y de *El planeta prohibido,* de Wilcox; y es un recorrido exhaustivo, a partir del apasionante análisis del significado original -y de las posteriores resignificaciones, de la comedia shakesperiana-, una metaforización, según los autores, del tránsito de la magia a la tecnología como fuerza constructora -y generadora, también- de las utopías de la Modernidad, cimentadas en una previsión optimista del progreso científico-tecnológico (*La Nueva Atlántida,* de Francis Bacon, es de solo quince años después de *La Tempestad*), un camino que nos lleva, de las utopías optimistas potenciadas por la ilusión del desarrollo material durante los inicios de la Modernidad -y en periodos puntuales posteriores (como el que va de la posguerra de la Segunda Guerra Mundial, hasta los inicios de los años setenta)-, a la progresiva sustitución de ese optimismo -tras la constatación del fracaso de la tecnología como fuerza constructora de mundos utópicos- por un profundo desencanto, primero, hasta desembocar, luego, en las distopías apocalípticas *aleccionadoras* (en la época victoriana y en la primera mitad del siglo veinte), *desesperadas* (como las que provienen del mundo ciberpunk, de finales del siglo XX) y en las distopías decididamente *disciplinadoras* del siglo XXI.

Y es, en este sentido, por el que una de las cuestiones centrales que se plantean los autores, en este artículo, es la determinación de la causa del por qué estamos, hoy, más preparados para aceptar un relato distópico que otro utópico: el por qué ya no somos capaces de imaginamos siquiera su mera posibilidad -como señala una ristra de analistas que no hace más que crecer, como subraya Elisabet Roselló, que iría de un Fredric Jameson o un Slavoj Zizek, a un Mark Fisher, una Donna Haraway, David Graeber, Franco Berardi o Rebecca Solnit-. De hecho, hace treinta años que no se ha escrito un relato de naturaleza utópica, subrayan Andoni Alonso e Iñaki Arzoz.

La distopía ya lo abarca todo; en la mayoría de los casos, con una intención desmovilizadora y disciplinaria

La distopía ya lo abarca todo; en la mayoría de los casos, con una intención desmovilizadora y disciplinaria, y como una ruta de escape compensatoria -vía ficción- para nuestros miedos y dudas acerca del cercano colapso. Salvo casos excepcionales, como la "utopía ambigua" de Ursula K. Le Guin, en el mundo anglosajón, o el del grupo que, desde el País Vasco, está detrás del proyecto bilingüe *Zirriborroak eta gero. Borradores del futuro: historias y fabulaciones sobre mundos posibles* (Consonni, 2023).

La tercera pieza, *Un sigilo de magia (k) para la nueva cabeza encantada,* nos lleva a la tecno-magia de la Inteligencia Artificial como fenómeno rigurosamente *carismático* y *maravilloso,* una especie de versión *iluminada* de la religión digital tecno-hermética oficial; porque, si hay, hoy día, un intento de "re-encantamiento" del mundo tecnológico, si hay un mito *salvífico* con el que los amos intentan devolver la fe en el poder de la tecnología a las personas renegadas y a desencantadas, esta es, sin duda, la IA y sus virtudes cuasi mágicas, si no mágicas directamente.

En el cuarto artículo, *La brujería como hiperstición,* se vuelve la vista al fenómeno de la brujería histórica y a sus dinámicas de irracionalidad/racionalidad, temor y represión, como prefiguración -sostienen, los autores- de la "visión mágico-performativa", racional/irracional, que nos envuelve, hoy, por doquier.

Si, con la consolidación del capitalismo urbano, la brujería histórica va desapareciendo progresivamente, en la medida que el mundo rural entra en declive y que las mujeres van siendo "disciplinadas como productoras de mano de obra barata", con su desarrollo y en su máxima expresión, la sociedad de consumo, el capitalismo digital no solo "embruja" la realidad con su enorme potencial de creación de *imaginarios alternativos,* sino que produce una nueva "brujería como hiperstición" (CCRU 1997-2003), fruto del "pacto diabólico" entre capital y tecnología digital que domina la actual economía especulativa, en la que "las creencias, miedos, esperanzas, anticipaciones, y sus potenciales, son inmediatamente efectivos", dentro de una especie de *alucinación consensuada,* según la había nombrado W. Gibson en los años ochenta; tecno-magia que, de rechazo, pero de modo lógico y necesario, "ha creado un cómodo espectro cultural: la ocultura, una viscosa amalgama donde conviven sin orden ni concierto Harry Potter, Halloween el ocultismo de salón, la New Age, H. P. Lovecraft, la hipótesis Gaia, y hasta el transhumanismo y el aceleracionismo...", pero sin "el potencial emancipatorio" de la vieja brujería precapitalista.

Por su parte, en *A mordiscos. Nueva carne, clase media y distopía zombi,* los autores profundizan en la *alimentación zombi* de la nueva clase media *zombicultural* occidental.

¿Dónde encontrar un nuevo Buñuel, hoy, que haga un retrato de nuestra clase media *zombie,* tan esclarecedor como el que él hizo, en *El discreto encanto de la Burguesía,* de la clase media de su tiempo, la de los primeros setenta del pasado siglo?, se preguntan los autores. En este tiempo de ascenso imparable de la distopía, en el que la mera posibilidad de una utopía, por *ambigua* que sea, nos parece *impensable*; en el que la distopía *zombie* se ha convertido en la metaforización más recurrida de los miedos de nuestras clases medias, convertidas en ansiosas turbas "carnívoras" de andantes "caníbales"; en el que la distopía ha devenido en mero "género disciplinario" y en el que la simple palabra *revolución* nos da risa, salvo que sea la de El Corte Inglés, ¿queda siquiera la posibilidad de otro Buñuel?

¿Dónde encontrar un nuevo Buñuel, hoy, que haga un retrato de nuestra clase media *zombie*, tan esclarecedor como el que él hizo, en *El discreto encanto de la Burguesía*

Deus ex machina. Esperando al dios venidero, el sexto artículo que compone este libro, se adentra, mediante una deriva dramática teatral, en un fenómeno concreto muy característico de esa masa caníbal: el anhelo de salvación por entes *externos, sobre-humanos* que se aprecia en la mayoría (superhéroes estelares, en la mayor parte de las fábulas). En *H. P. Lovecraft, maestro oscuro,* por su parte, se profundiza en algunas de las claves de la figura y de la obra de quien los autores consideran, por lo expuesto, hasta aquí, el verdadero "heraldo del colapso".

Finalmente, en *Colapsoceno. Breve introducción a un curso apocalíptico,* Andoni Alonso e Iñaki Arzoz fabulan con la posibilidad de unos estudios formales y reglados sobre el colapso en la Universidad (algo que, dada nuestra capacidad de elusión de la realidad, no podemos descartar), que podrían concluir de un modo tan paradójico -pesimista y esperanzado, a un tiempo-, como lo hacen ellos en *Celebrando la edad oscura,* el epílogo con el que se cierra el libro, donde nos proponen, cual maestros del *coaching* para izquierdistas y activistas desencantados -dicen-, concebir este tiempo del colapso como una *ventana de oportunidad* para *algo nuevo* y *distinto,* considerándolo un momento liminar, de "apertura hacia un nuevo ciclo más fértil".

Y, para cerrar este artículo/reseña (a destiempo, en tiempo), una nota de actualidad, ajena a ambos libros, pero que nos puede servir para contextualizar las tesis del colapso que en ellos se explora. Durante la segunda mitad del mes de agosto tuve la oportunidad de seguir por Internet los cuatro días de la Convención Nacional del Partido Demócrata en Chicago para la nominación de Kamala Harris y Tim Waltz a la presidencia y vicepresidencia, respectivamente, de Estados Unidos; escuché muchas de las intervenciones de representantes de todos los sectores sociales, pero, con especial atención, me fijé en los discursos de los personajes claves de las distintas tendencias que se dan, hoy, entre los Demócratas estadounidenses: el de Alexandria Ocasio-Cortez, el de Bernie Sanders y, por supuesto, los de Tim Walz y la propia Kamala Harris, que era el importante y el decisivo; y la conclusión que saqué de todos ellos es que, en el teatrillo de la política norteamericana, claro que los personajes más amables y simpáticos son los de Walz y Harris, y los más antipáticos, y hasta patéticos, los de Trump y Vance, pero, si nos fijamos bien, tanto en el fondo de lo dicho, como en la forma (no nos confundamos), la verdad es que, en términos globales y de cara a los asuntos realmente importantes a los que nos enfrentamos, da igual quién gane las elecciones de noviembre. Los auténticos amos del mundo, que están en otra parte y que no se presentan a las elecciones, aunque se manifiestan y nos hablan a través de ellos, jamás aceptarán las políticas de planificación, equilibrio global y decrecimiento programado que necesitamos.

En fin, que si Eugene Thacker tiene razón y "el pesimismo es el último refugio de la esperanza", tal como dejó señalado en su libro de aforismos, *Pesimismo cósmico,* citado por los autores: ellos mismos, con un servidor detrás, serían -seríamos- unos auténticos pesimistas.

Matías Escalera Cordero es escritor y ensayista.

"Nuestro pueblo son nuestras montañas": vida y pensamiento de Amílcar Cabral

Balasingham Skanthakumar

■ Anticolonialista y antiimperialista, militante de partido y estratega de la guerra de guerrillas, diplomático y publicista, pensador revolucionario e internacionalista, Cabral figura entre los marxistas más originales del siglo XX.

Amílcar Lopes da Costa Cabral nació el 12 de septiembre de 1924 en la ciudad de Bafata, en la Guinea portuguesa, encajonada entre la que era entonces la Guinea francesa (posteriormente Guinea-Conakry) y la colonia francesa de Senegal, en África Occidental. No obstante, sus progenitores eran de Cabo Verde, un archipiélago de islas empobrecidas del Atlántico Norte, a unos 450 kilómetros al oeste del continente africano **1/**.

Bajo dominio portugués, la población caboverdiana era considerada *civilizada*, ya que su gente hablaba portugués, abrazó la fe cristiana y adoptó la vestimenta occidental. Estuvo clasificada de *asimilada*: la población situada entre los colonos blancos y la población negra africana, inclusive en la administración colonial ubicada en Guinea-Bisáu.

De niño, Cabral se trasladó con su familia a Cabo Verde, donde fue escolarizado en condiciones de estrechez económica. Desmintiendo su nombre, las islas, lejos de ser verdes, eran semiáridas. Deshabitadas hasta el siglo XV, Portugal reivindicó este territorio, situado estratégicamente en la ruta marítima transatlántica para el comercio de esclavos en Brasil y el Caribe, y más tarde para la caza de ballenas.

Poblaron zonas inhabitadas con gente blanca y llevaron gente cautiva de África Occidental a trabajar la tierra. A mediados del siglo XX, el 69% de la población se calificó de *mestiça* (es decir, de ascendencia mixta). El expolio de sus recursos naturales, mediante la desforestación y el pastoreo excesivo, vino acompañado durante cinco siglos de sequías periódicas seguidas de hambrunas devastadoras, provocando oleadas de emigración, que llegaron tan lejos como la costa este de Estados Unidos. Durante la juventud de Cabral, las sequías de 1941-1943 y 1947-1948 causaron entre 30.000 y 45.000 muertes; la primera la vivió personalmente.

No es extraño que, en 1945, cuando Cabral obtuvo una beca para estudiar en la Universidad de Lisboa, la capital del imperio, optara por estudiar agronomía, interesándose especialmente por la edafología (ciencia del suelo).

En Portugal imperaba un régimen fascista desde 1926. Apenas existía

1/ Mário de Andrade (1980) "Biographical notes", en Amílcar Cabral, *Unity and Struggle: Speeches and Writings*. Londres: Heinemann, pp. 18-35.

espacio democrático y la izquierda desarrollaba sus actividades en la clandestinidad. A comienzos de la década de 1960, Perry Anderson describió el país con estas palabras:

"Portugal, formalmente la tercera potencia colonial más grande del mundo en nuestros días, es a su vez un país subdesarrollado. Una infraestructura en gran medida preindustrial, modelos de propiedad feudales, predominio militar, fascismo letárgico. Este es el complejo metropolitano que determina el sistema específico del dominio extranjero portugués: ultracolonialismo, es decir, la modalidad más *primitiva* y al mismo tiempo más *extrema* de colonialismo" **2/**.

Fue en Lisboa donde Cabral conoció a estudiantes africanos de las colonias portuguesas y tejió lazos con ellos. Algunos de ellos, como Agostinho Neto y Mário de Andrade (de Angola) y Eduardo Mondlane y Marcelino dos Santos (de Mozambique), se convertirían en líderes del movimiento de liberación de sus respectivos países.

Conversión al anticolonialismo

Su círculo estudió escritos socialistas de Brasil, así como la experiencia de racismo y privaciones de la población afroamericana en EE UU y las afirmaciones de negritud en el África francófona en las publicaciones de Aimé Césaire (de Martinica) y Léopold Senghor (de Senegal), de quienes posteriormente se distanciará críticamente. Estuvo en contacto con el Partido Comunista Portugués, que era ilegal y operaba clandestinamente a través de organizaciones amplias como el ala juvenil del Movimiento por la Unidad Democrática (MUD-Juvenil).

Después de licenciarse, Cabral obtuvo un empleo en la Estación Agronómica de Lisboa, donde realizó investigaciones en el sur de Portugal, una región sumamente pobre y, no por casualidad, marcada por una enorme desigualdad en la propiedad de la tierra **3/**.

En 1952 decidió volver a Guinea para dirigir el Centro Agronómico en Bisáu. Aprovechando su función oficial, Cabral realizó durante el año siguiente el primer Mapa Agrícola de Guinea. Esto le brindó la oportunidad de viajar por todo el territorio continental del país y familiarizarse con su topografía y su economía, así como con la diversidad de sus pueblos y sus prácticas y costumbres. Esta inmersión en la realidad de este país y sus habitantes contribuirá posteriormente a su importante texto político titulado *Breve análisis de la estructura social de Guinea*.

Sus actividades llamaron la atención de la administración colonial, que le prohibió permanecer en Guinea. Ante la imposibilidad de trabajar y actuar

2/ Perry Anderson (1962) "Portugal and the End of Ultra-Colonialism", *New Left Review* (Londres) I/15, (mayo-junio, pp. 83-102, pp. 89-90. Cursivas en el original.

3/ La miseria de los jornaleros y las jornaleras del Alentejo del siglo XX, a quienes Cabral dedicó su tesis doctoral, quedó muy bien reflejada en la novela de José Saramago (descendiente de campesinos sin tierra) titulada *Levantado del suelo* (-1980- Barcelona: Debolsillo, 2007).

allí, en 1955 aceptó un empleo en una empresa privada con sede en Angola, donde realizó estudios de las condiciones del suelo y la producción agrícola. En el transcurso de 1955 y 1956, mientras estuvo en Angola, Cabral participó en la constitución del Movimiento Popular de Liberación de Angola (MPLA), confirmando su visión panafricanista de la solidaridad y unidad y su intransigencia frente al colonialismo y al imperialismo dondequiera que se manifestara: en Congo, en Cuba, en Palestina, en Sudáfrica, en el sur de Arabia o en Vietnam.

Durante una estancia clandestina en Bisáu, en 1956, Cabral y otras cinco personas, incluido su hermanastro Luíz, fundaron lo que sería el Partido Africano por la Independencia de Guinea y Cabo Verde (PAIGC), el 19 de septiembre. Aunque estos miembros fundadores eran de origen caboverdiano, también estaban comprometidos en la lucha por la liberación de Guinea-Bisáu. Otras organizaciones nacionalistas eran de Guinea-Bisáu y solían estar basadas en personalidades y etnias opuestas a la unión con Cabo Verde.

Al principio, el partido clandestino trató de captar apoyo entre la minúscula clase obrera y los sectores urbanos pobres en la parte continental de Guinea. Cuando los trabajadores portuarios del muelle Pidjiguiti en Bisáu participaron en una manifestación pacífica el 3 de agosto de 1959, el régimen colonial los reprimió brutalmente, masacrando a 50 e hiriendo a más de 100 en tan solo 20 minutos.

Giro al mundo rural

Conmocionado por esta cruel pérdida de vidas, y consciente de su debilidad, el PAIGC decidió actuar en el medio rural. En aquel momento, la dirección estaba formada por intelectuales procedentes de las islas caboverdianas que desconocían el interior de Guinea, lejos de las ciudades con las que estaban más familiarizados. En este punto dio sus frutos el estudio que había realizado Cabral de la sociedad campesina, incluidas sus diferencias étnicas y religiosas, así como las contradicciones en materia de propiedad de la tierra, relaciones de género y organización sociopolítica.

Si, como concluyeron Cabral y sus camaradas, la clase obrera urbana era demasiado pequeña y no estaba preparada para un cambio revolucionario, ¿quería decir esto que el campesinado la sustituiría? No. El campesinado era la principal *fuerza física* del movimiento de liberación, pero no era una *fuerza revolucionaria* **4/**. En ausencia de una clase capitalista nacional, lo más probable es que fuera la pequeña burguesía -situada entre el Estado colonial y las masas colonizadas- la que ocupara las funciones del poder estatal tras la descolonización.

Esta clase intermedia, de la que han surgido a lo largo del tiempo y ancho del espacio muchos líderes de movimientos revolucionarios, se halla en una encrucijada, afirmó Cabral. Podía sucumbir a su tendencia natural y convertirse

4/ Amílcar Cabral (1969), "Brief analysis of the social structure of Guinea", en *Revolution in Guinea: Selected Texts by Amílcar Cabral*. Nueva York y Londres: Monthly Review Press, p. 61.

en burguesa a través de su ubicación de clase en la burocracia del Estado, y como clase compradora al servicio del capital extranjero en las relaciones comerciales. O bien podía renacer como "clase trabajadora revolucionaria plenamente identificada con las aspiraciones más profundas del pueblo". Estas opciones contrapuestas constituyen el dilema de la pequeña burguesía en la lucha de liberación nacional. En una frase célebre, Cabral resumió así su planteamiento: "traicionar la revolución o suicidarse como clase" **5/**.

Tras varios años de preparación, habiendo acumulado fondos, armas ligeras y formación en combate, con la ayuda de la Unión Soviética, Checoslovaquia y China, el PAIGC lanzó su lucha armada el 23 de enero de 1963 **6/**. Más tarde, Cabral negoció con éxito ayudas en forma de azúcar, tabaco y uniformes de Cuba, seguidas de asesores militares y médicos, así como alimentos, ropa y medicinas de Suecia y otros países escandinavos. Por supuesto, el enemigo estaba mucho mejor pertrechado con armas y recursos gracias a la asistencia de sus aliados de la OTAN, en particular de EE UU y Alemania Occidental, y llegó a utilizar napalm.

Sin embargo, antes y durante la campaña militar, Cabral dejó claro que su prioridad era la lucha política: romper el *muro de silencio* construido en torno a la subyugación de pueblos africanos por parte de Portugal **7/**. Viajó incansablemente para combatir la ideología del *lusotropicalismo*: el colonialismo portugués adaptado a los pueblos de los trópicos y que declaraba que no era de ningún modo racista ni explotador **8/**. Cabral fue un hombre de acción, pero también un pensador crítico y creativo. Como nos recordó su amigo Basil Davidson, "Pensamiento y acción, él nunca separó esta secuencia, como tampoco cambió su orden" **9/**.

Retorno a nuestra historia

No fue el colonialismo el que introdujo en la historia a los pueblos colonizados, como afirman los colonizadores, sino que el colonialismo interrumpió la historia de los pueblos, decía Cabral. Este argumento se expuso más tarde

5/ Amílcar Cabral, "Presuppositions and objectives of national liberation in relation to social structure", en *Unity and Struggle: Speeches and Writings. op. cit.*, p. 136..

6/ Sobre la dinámica de estas relaciones, véase Natalia Telepneva (2021) *Cold War Liberation: The Soviet Union and the Collapse of the Portuguese Empire in Africa,* 1961-1975, Chapel Hien ll, NC: University of North Carolina Press, 2021).

7/ Amílcar Cabral (1969) "Foreword' to Basil Davidson", *The Liberation of Guiné: Aspects of an African Revolution,* Harmondsworth: Penguin, p. 9.

8/ "Forma parte integrante de toda esa teoría de las *provincias de ultramar* y de la *asimilación* la afirmación de que en el África portuguesa no se practica la discriminación racial en ninguna de sus formas. Se proclama que la distinción entre personas nativas y no nativas es cultural, no racial; la prueba es el lema de la asimilaciòn, en que la persona africana, al superar determinadas pruebas puramente culturales, recibe a partir de entonces exactamente el mismo trato que su *compatriota* blanco. La concepción misma de un Portugal poliétnico que cruza los océanos y se extiende por los continentes en una única unidad indivisible se anuncia como un fenómeno diametralmente opuesto a las teorías racistas del *apartheid.* La realidad desmiente brutal y públicamente esta mitología". Perry Anderson (1962) "Portugal and the End of Ultra-Colonialism 2", *New Left Review* (Londres), I/16 (julio-agosto): pp. 109-110.

9/ Basil Davidson (1973) "Tributes to a Fallen Comrade", *Ufahamu: A Journal of African Studies,* Los Angeles, Vol. 3, 3, p. 13.

ampliamente en la celebrada obra *De cómo Europa subdesarrolló a África* (1972), del historiador guyanés y admirador de Cabral, Walter Rodney.

“Fue en función de sus propias necesidades y su propia tecnología que Europa ha tomado siempre sus decisiones con respecto a lo que debería exportar África y con respecto al comienzo y al declive de cada producto de exportación. La más crucial de esas decisiones para el comercio africano *precolonial* fue la atribución a África, por parte de Europa, del papel de proveedora de seres humanos cautivos para utilizarlos como esclavos en diversas partes del mundo” **10/**.

No fue el colonialismo el que introdujo en la historia a los pueblos colonizados, como afirman los colonizadores, sino que el colonialismo interrumpió la historia de los pueblos, decía Cabral

“Al tomar las armas para liberarnos”, recordaba Cabral a su público, “queremos volver a nuestra historia, sobre nuestros propios pies, con nuestros propios medios y mediante nuestros propios sacrificios” **11/**. En cuanto al comienzo de la historia, esta no podía depender de la aparición de las clases y por tanto de la lucha de clases, ya que esto condenaría a las sociedades sin relaciones de clase a ser pueblos “que viven sin historia, o fuera de la historia cuando se vieron sometidos al yugo del imperialismo” **12/**.

Lo cierto, afirmaba, es que es el “nivel de desarrollo de las fuerzas productivas... [el que] constituye la verdadera y permanente fuerza motriz de la historia” **13/**. La liberación de las fuerzas productivas de las que se apropia la dominación imperialista, y por tanto la autodeterminación de los pueblos colonizados para progresar a una forma superior de existencia económica, social y cultural, pasa a ser el objetivo de la liberación nacional. La transformación del nivel de desarrollo de las fuerzas productivas y su sistema de propiedad, en suma, el modo de producción, es lo que se denomina *revolución*.

Cabral tuvo que pelear al mismo tiempo con el caos y desorden de la lucha armada, en la que quienes están armados pueden convertirse en opresores de otras personas en cuyo nombre afirman estar luchando por la libertad frente a una fuerza foránea. En el primer congreso del partido, que tuvo lugar en Cassaca en febrero de 1964, las unidades guerrilleras que habían operado autónomamente se fusionaron formando un ejército popular controlado por la

10/ Walter Rodney (2022) “The Historical Roots of African Underdevelopment”, en *Decolonial Marxism: Essays from the Pan-African Revolution*, Londres: Verso, p. 95.
11/ “The nationalist movements of the Portuguese colonies”, en *Revolution in Guinea: Selected Texts by Amílcar Cabral, op. cit.*, p. 78.
12/ “Presuppositions and objectives of national liberation in relation to social structure”, en *Unity and Struggle: Speeches and Writings, op. cit.*, p. 124.
13/ *Ibid.*, p. 125.

dirección política. Recordó a los líderes del partido y sus cuadros que "somos *militantes armados* y no *militaristas*" (destacado en el original). Les advirtió de que "no ocultéis nada a las masas de nuestro pueblo. No contéis mentiras. Denunciad las mentiras que se cuenten. No ocultéis las dificultades, los errores, los fallos. No os jactéis de victorias fáciles" **14/**.

El congreso de Cassaca marcó asimismo un importante giro en dirección a una política prefigurativa. El PAIGC comenzó a crear instituciones para la gente de las zonas liberadas, con la promesa implícita de lo que debiera significar la independencia y la libertad: escuelas, centros de salud, tribunales electos, comercios populares en que se podían intercambiar productos. Se promovió el cultivo de alimentos para la subsistencia, la producción artesanal para un trabajo cualificado y la creación de pequeñas empresas industriales.

En las zonas liberadas se constituyeron comités de base mediante elecciones populares a partir de una lista de partido. Constaban de cinco miembros electos, reservándose dos puestos a mujeres, y cada miembro asumía un área de responsabilidad **15/**. Esta estructura se creó en condiciones todo menos ideales, en plena guerra y en ausencia de paz y de competencia política. No obstante, también fue una primera experiencia y un aprendizaje en una democracia participativa.

Cabral no pensaba en absoluto que la opresión de las mujeres se superaría durante la lucha de liberación nacional

Cabral no pensaba en absoluto que la opresión de las mujeres se superaría durante la lucha de liberación nacional. Como dijo Carmen Pereira, una de las pocas líderes femeninas del PAIGC: "En Guinea-Bisáu decimos que las mujeres han de luchar contra dos colonialismos. Uno contra los portugueses, otro contra los hombres" **16/**. Lo que entendía la militancia femenina con esta frase no era que los hombres fueran sus enemigos, "como tampoco el pueblo portugués es el enemigo del pueblo guineano", sino que el sistema de producción en que trabajaban tanto hombres como mujeres generaba un "colonialismo masculino" y debía ser suprimido **17/**.

En una de sus continuas directrices a la militancia para su orientación política, Cabral le urgió a "[r]ecordar siempre que la gente no lucha por ideas, por cosas que existen en las cabezas de individuos. La gente lucha y acepta los sacrificios necesarios para obtener mejoras materiales, para vivir mejor

14/ "Tell no lies. Claim no easy victories...", en *Revolution in Guinea: Selected Texts by Amílcar Cabral, op. cit.*, p. 87.

15/ Lars Rudebeck (1974) *Guinea-Bissau. A Study of Political Mobilization*, Uppsala: Scandinavian Institute of African Studies, pp. 124-132.

16/ Stephanie Urdang (1975) "Fighting Two Colonialisms: The Women's Struggle in Guinea-Bissau", *African Studies Review*, Cambridge, Inglaterra, vol. 18, 3 (diciembre): p. 32.

17/ Stephanie Urdang (1979) "Fighting Two Colonialisms: Women in Guinea-Bissau" en *Monthly Review Press*, Nueva York y Londres, pp. 257-260.

y en paz, para experimentar el progreso y para asegurar el futuro de sus descendientes". Las consignas y demandas, por muy acertadas e importantes que sean, son "palabras vacías y carentes de significado para la gente si no se traducen en una mejora real de sus condiciones de vida" **18/**.

Como teórico y estratega de la liberación nacional, Cabral insistía en que "quienes dirigen la lucha no deben confundir jamás lo que les ronda por la cabeza... con la realidad concreta del país". Independientemente de las ideas que tengamos por lo que leemos o lo que otras personas nos cuenten de su propia experiencia, siempre subrayaba que "nuestros pies descansan sobre el suelo de nuestro país" **19/**.

A menudo, asesores militares extranjeros trataban de trasplantar sus visiones del campo de batalla a la guerra contra los portugueses en Guinea-Bisáu, pero Cabral se resistía, manifestando sus "reservas sobre la sistematización de fenómenos" **20/**. Consideraba que era un error imitar las experiencias de otras luchas basadas en sus condiciones geográficas, históricas, económicas y sociales únicas.

En la Conferencia Tricontinental celebrada en La Habana en 1966, advirtió de que por muy parecido que sea el caso e idéntico el enemigo, "la liberación nacional y la revolución social no son mercancías exportables. Son... un producto local, nacional, más o menos influido por factores externos (favorables y desfavorables), pero determinado fundamentalmente y condicionado por la realidad histórica de cada pueblo" **21/**.

Esto me recuerda inmediatamente al gran marxista peruano José Carlos Mariátegui, quien exclamó en 1928:

> "No queremos, ciertamente, que el socialismo sea en América calco y copia. Debe ser creación heroica. Tenemos que dar vida, con nuestra propia realidad, en nuestro propio lenguaje, al socialismo indo-americano" **22/**.

La cultura como resistencia

La cultura era para Cabral el otro frente de resistencia y de lucha.

> "(...)Dominar a un pueblo es, por encima de todo, tomar las armas para destruir, o por lo menos neutralizar, paralizar, su vida cultural. Porque ante una potente vida cultural indígena, la dominación extranjera no puede estar segura de su perpetuación. En cualquier momento, en función de factores internos y externos..., la resistencia cultural

18/ "Tell no lies. Claim no easy victories...", en *Revolution in Guinea: Selected Texts by Amílcar Cabral, op. cit.*, p. 86.

19/ "To start out from the reality of our land - to be realists", en *Unity and Struggle: Speeches and Writings, op. cit.*, pp. 45 y 44 respectivamente.

20/ "Practical problems and tactics", en *Revolution in Guinea: Selected Texts by Amílcar Cabral, op. cit.*, p. 141.

21/ "Presuppositions and objectives of national liberation in relation to social structure", en *Unity and Struggle: Speeches and Writings, op. cit.*, p. 122.

22/ José Carlos Mariátegui (1928) "Aniversario y balance", *Amauta*, Lima, Perú, año III, n.º 17 (septiembre): https://www.marxists.org/espanol/mariateg/1928/sep/aniv.htm

(indestructible) puede adoptar nuevas formas (políticas, económicas, armadas) para oponerse de lleno a la dominación extranjera" **23/**.

Por tanto, la cultura es escudo y espada al mismo tiempo. "La cultura es tanto fruto de la historia de un pueblo como factor determinante de su historia" **24/**. En su opinión, es la expresión dinámica de relaciones sociales, principalmente entre los seres humanos y la naturaleza, y entre los seres humanos como individuos, grupos de individuos, capas y clases.

La cultura nunca es esencialista o estática. Comprende rasgos positivos y negativos, y debería ser forjada por el movimiento de liberación nacional y no solo insuflada en el mismo

Sin embargo, para él la cultura nunca es esencialista o estática. Comprende rasgos positivos y negativos, y debería ser forjada por el movimiento de liberación nacional y no solo insuflada en el mismo. Procuraba diferenciar lo que entendía por cultura de aquello que representaba la elite colonial indígena, así como de lo que imagina e inventa la diáspora colonial.

Lo asesinaron el 20 de enero de 1973, a la edad de 48 años, en Conakry, capital de la República de Guinea, que comparte frontera terrestre con Guinea-Bisáu, y donde operaba la dirección del PAIGC en el exilio, incluyendo un centro para la práctica del deporte de sus cuadros. Su asesino fue una persona a la que conocía, un compañero del partido **25/**. No obstante, como predijo el propio Cabral, consciente de las conjuras inspiradas por el imperialismo contra su vida, que comenzaron más de una década antes, su muerte no impidió la independencia de Guinea-Bisáu y Cabo Verde, que se declaró finalmente el 24 de septiembre de 1973 **26/**. En ese momento, el PAIGC controlaba dos tercios del territorio de Guinea-Bisáu.

Además, la campaña político-militar que dirigió en Guinea-Bisáu, junto con las de los movimientos de liberación de Angola y Mozambique, contribuyó directamente al derrocamiento en Portugal del "Estado fascista más longevo

23/ Amílcar Cabral (1973) "National Liberation and Culture", en *Return to the Source: Selected Speeches of Amílcar Cabral. Monthly Review Press,* Nueva York: Ed. Africa Information Service, pp. 39-40.

24/ *Ibid.*, p. 41.

25/ La versión tradicional de que el asesinato fue orquestado por la policía secreta portuguesa (la PIDE), que supuestamente se había infiltrado en el PAIGC y convencido a algunos militantes guineanos a volverse contra Cabral, ha sido cuestionada por Antonio Tomás, *Amílcar Cabral: La vida de un nacionalista renuente.* Aunque afirma que el fascismo portugués intentó desde hacía tiempo eliminar físicamente a Cabral, Tomás otorga más peso, en este caso tristemente exitoso, al desencuentro entre los cuadros del PAIGC de Guinea-Bisáu y su dirección caboverdiana.

26/ La unión entre Guinea-Bisáu y Cabo Verde se quebró el 14 de noviembre de 1980, resquebrajada por las tensiones no resueltas dentro del PAIGC.

de la historia... y [comportó] el final del imperio colonial más antiguo del mundo" **27/**. Catorce años de guerras anticoloniales en el África portuguesa dieron pie a la *Revolución de los Claveles,* que comenzó con el derrocamiento de la dictadura por el Movimiento de las Fuerzas Armadas (MFA) en Lisboa el 25 de abril de 1974. El nuevo régimen puso pronto en marcha el traspaso del poder en las colonias africanas a los movimientos de liberación.

Independencia de bandera

¿Qué significa la *liberación del pueblo*? Consciente de la experiencia del neocolonialismo que siguió a la *independencia* y de la venalidad y tiranía de la elite postcolonial que se hizo con el poder, Cabral insistió en que significa más que la expulsión de los colonialistas, el izado de una bandera nacional y la interpretación de un himno nacional.

"Implica la liberación de las fuerzas productivas de nuestro país, la liquidación de toda clase de dominación imperialista o colonial sobre nuestra nación y la adopción de todas las medidas necesarias para impedir una nueva explotación de nuestro pueblo. No confundimos la explotación con el color de la piel de alguien. Queremos igualdad, justicia social y libertad" **28/**.

El secreto para comprender el fracaso de la independencia de África, explicó Cabral a activistas negros en Nueva York, está en la naturaleza del Estado que se creó tras la descolonización; un Estado ocupado por una elite pequeñoburguesa nativa al servicio del neocolonialismo **29/**. La nueva fase posnacional de la lucha requería que la clase obrera y sus aliadas combatan tanto contra la burguesía imperialista como contra la clase dominante indígena, demoliendo la estructura capitalista construida por el imperialismo y tomando la vía del socialismo **30/**.

¿Por qué volvemos a Cabral en un periodo diferente al suyo? ¿Qué relevancia tiene actualmente? En una intervención reciente, Ochieng Okoth invoca a Cabral, entre otros, en su férrea defensa de "un nuevo modo de política antiimperialista", mediante cuatro iniciativas combinadas **31/**. La argumentación de Okoth podría modificarse y ampliarse del modo siguiente.

En primer lugar, recuperar la promesa de un mundo postimperialista que estaba implícita en la teoría marxista de la liberación nacional o anticolonial, mediante una lectura crítica de su experiencia histórica. La lucha por la liber-

27/ Robin Blackburn (1974) "The Test in Portugal", *New Left Review* (Londres), I/87-88 (septiembre-diciembre), p. 5.
28/ Amílcar Cabral (1972) *Our People Are Our Mountains,* Londres: Committee for Freedom in Mozambique, Angola & Guiné), p. 8.
29/ "Connecting the Struggles: an informal talk with Black Americans", en *Return to the Source: Selected Speeches of Amilcar Cabral, op. cit.,* p. 84.
30/ "Presuppositions and objectives of national liberation in relation to social structure", en *Unity and Struggle: Speeches and Writings, op. cit.,* p. 133.
31/ Kevin Ochieng Okoth (2023) *Red Africa: Reclaiming Revolutionary Black Politics,* Londres: Verso, p. 16.

tad no puede detenerse con la expulsión de los colonialistas e imperialistas, sino que debe proseguir con un ataque a los mecanismos sociales y económicos injertados por el imperialismo.

La lucha por la libertad no puede detenerse con la expulsión de los colonialistas e imperialistas, sino que debe proseguir con un ataque a los mecanismos sociales y económicos injertados por el imperialismo

Seguidamente, profundizar en la crítica de la economía política. Sin desenmascarar debidamente las relaciones y procesos de dominación, incluida la opresión de clase, no podemos explicar la subordinación de la mayoría pobre y los sectores oprimidos lucharán contra sombras y entre sí.

En tercer lugar, basarnos en el materialismo histórico: para comprender el movimiento y la dinámica de la historia y del cambio social y cómo la jerarquía y la desigualdad se despliegan en las sociedades de clases. Para cambiar el mundo es preciso que nos proveamos de la teoría y del método para hacerlo.

Finalmente, revitalizar nuestro internacionalismo mediante la solidaridad antiimperialista entre los movimientos tanto del Norte global como del Sur global. Concebir nuestras luchas como combates interconectados, aunque respetuosos con las especificidades de cada uno.

En todo esto y más, conmemorando la obra de su vida y su pensamiento en el primer centenario de su nacimiento, Amílcar Cabral *¡presente!*

Balasingham Skanthakumar es miembro de la Asociación de Científicos Sociales de Colombo. (Sri Lanka, con el nombre de Ceilão, fue colonia portuguesa entre 1597 y 1658, sometida a su dominación desde 1505).

Traducción para ***viento* sur**: *Sergio Pawlowsky*

6. AQUÍ Y AHORA

Entre la urgencia y el desastre, una mirada ecosocialista sobre la Dana y sus efectos

Joana Bregolat

■ Más de 200 muertos, poblaciones colapsadas e infraestructuras destruidas. El balance de la DANA en País Valencià nos deja devastadas a medida que avanzan los días, y la suma de negligencias se va convirtiendo en un terreno fértil no solo para respuestas solidarias, sino también para aquellas de carácter reaccionario y de extrema derecha. Es por ello que cuando la catástrofe nos desborda, cuando la urgencia en la respuesta empuja, el deber de las militantes revolucionarias es ser capaces de combinar la inmediatez de las necesidades en la zona cero con la solidaridad popular y los análisis de fondo para articular una memoria del desastre que señale a los responsables y marque un horizonte de conflicto.

Sí, queremos hablar de la DANA y sus consecuencias desde la óptica del conflicto porque ninguno de los fenómenos meteorológicos adversos que experimentamos suceden en el vacío: son síntomas de la crisis ecológica que habitamos, de su agudización en la región mediterránea y de la vulnerabilidad que nos ha dejado nuestro modelo depredador de producción y ocupación del territorio. La excepcionalidad de su violencia no nos lo puede borrar de la mente, no puede llevarnos a despolitizar la catástrofe.

Turbulencias climáticas en tiempos de crisis ecológica

Si nos tomamos en serio nuestros análisis cuando hablamos de la crisis ecológica y sus saltos de escala en calidad y cantidad, es fundamental que no los desliguemos de las catástrofes que vivimos en el presente. La región mediterránea, por sus características físicas y geográficas, es una de las zonas más vulnerables: nuestro mar y nuestro aire son mucho más calientes que en otros territorios y, en un contexto de aumento de las temperaturas, esto agrava los efectos de lluvias torrenciales e inundaciones, que cada vez serán más frecuentes y más fuertes. Tal como explica Gisela Torrents **1/**, una atmosfera más caliente puede almacenar más vapor de agua; en concreto: por cada grado extra, nuestro aire puede retener un 7% más de vapor de agua, que probablemente terminará cayendo todo a la vez causando fenómenos similares a los que hemos observado estos días con el paso de la DANA en nuestro territorio. Esta realidad toma forma en un momento en que la temperatura ya es de 1,3° C más alta que en la época preindustrial y sus consecuencias sobre el terreno se agravan ante una ocupación del territorio ciega a los accidentes geográficos existentes. La materialidad del caos climático que estamos viendo en País Valencià así nos lo indica.

1/ https://www.instagram.com/p/DB_iLix-qRRW/

Así pues, cuando ponemos en perspectiva la vulnerabilidad climática en que nos posiciona el contexto de crisis ecológica, hay que comprender que podremos mejorar los sistemas de alerta en la población e incrementar la dotación de equipos de emergencia para actuar con más celeridad y eficiencia, pero no podremos evitar la lluvia y, posiblemente, tampoco gran parte de los daños materiales que ha producido si continuamos ocupando en zonas potencialmente inundables y si seguimos trinchando el territorio. Por ello, tenemos que poner encima de la mesa que, igual que sucede con las olas de calor, la pérdida de suelos fértiles o los incendios de sexta generación, las lluvias torrenciales e inundaciones como las de la DANA se encuentra íntimamente vinculadas con los intereses de un capitalismo fósil que, a golpe de beneficios, hace norma la barbarie climática.

Las tramas económicas y de poder que imponen un modo de producción basado en la quema constante de cantidades ingentes de combustibles fósiles ha hecho normal el aumento de las emisiones de gases de efecto invernadero, la destrucción de ecosistemas y la extinción de especies. Enfrentarnos directamente a quienes amparan el capitalismo fósil, a quienes sacan beneficios de su destrucción y generan nuevos mercados para especular con la transición, es fundamental. No podemos tolerar que el capital fósil siga en una salud excelente ni que los gobiernos le sigan destinando ayudas millonarias, mientras nosotras, las trabajadoras, seguimos poniendo las muertas a las catástrofes que se aceleran.

Es necesario escapar de la dependencia a los combustibles fósiles, desmantelar las tramas de poder corporativo y estatal que sostiene, realizar transformaciones drásticas al modo de organización de la vida y repensar la estructura productiva

Es necesario escapar de la dependencia a los combustibles fósiles, desmantelar las tramas de poder corporativo y estatal que sostiene, realizar transformaciones drásticas al modo de organización de la vida y repensar la estructura productiva, de manera que reduzcamos el consumo energético y las emisiones de CO^2. Esta hoja de ruta es vital en medio de las turbulencias climáticas de la crisis ecológica y se debe dar desde coordenadas democráticas y planificadas, y sin perder de vista que para nosotras esto no va de imperativos económicos ni de seguridad nacional, va de vida, de vidas dignas. Frenar el aumento de temperaturas, minimizar los efectos de la crisis climática, no solo es una cuestión de supervivencia, sino de conflicto de clases: ante la incertidumbre de los impactos que generan las distintas grietas de la crisis ecológica, queremos anticiparnos a todo aquello que sea posible y romper con el capitalismo fósil y sus mercados para esta agenda.

Reload del binomio del terror: construcción y finanzas

Durante décadas, el entramado del capitalismo fósil en el Estado español se ha basado y configurado alrededor de la especialización del binomio de la construcción y las finanzas. A través suyo, nuestros territorios se han constituido como terreno de juego de los intereses del capital, asumiendo la tierra como valor de consumo y no de uso, como una mercancía más de la cual extraer beneficios. Ejemplos de ello los encontramos en cada uno de los *booms* urbanísticos que se han producido desde los 70 como forma de reactivar la economía, haciendo de la construcción sin freno un nicho rentable de negocio para unos pocos, y de trinchar el territorio; una práctica seductora para los gobiernos de todos los colores en tiempos de crisis.

Las propuestas de ampliación de infraestructuras como el puerto de València o el aeropuerto de El Prat, de la mano de la promoción de infraestructuras vinculadas al monocultivo turístico como son el Hard Rock Cafè en Tarragona, los Juegos Olímpicos en el Pirineo, las ediciones de la Copa América en València y Barcelona, son parte de un *contínuum* económico especulativo. La mercantilización de toda tierra, sea agrícola, como vemos con la nueva propuesta de urbanización en Benimaclet **2/**, o inundable, como vemos con el PDU de las Tres Xemeneies en Sant Adrià del Besòs y Badalona, es aceptada sin problematizar sus consecuencias e incrementando nuestra vulnerabilidad.

Si centramos la mirada en la proliferación de lluvias torrenciales e inundaciones, es fundamental señalar las implicaciones ecosociales que tienen la ceguera ambiental y territorial del binomio construcción-finanzas cuando promueve la edificación de zonas inundables y cuando cree que con la construcción de barreras de defensa artificial desaparece el peligro que supone la ocupación de espacios cercanos a ríos y barrancos. De ahí emerge una conclusión importante: los impactos de la DANA no han sido graves solo por su severidad, han sido trágicos y devastadores por un modelo de ocupación territorial descontrolado, promovido por constructoras y fondos de inversión y amparado por los distintos gobiernos. Por lo tanto, para evitar repeticiones debemos revisar todo lo construido en zonas inundables, frenar toda licencia de nueva obra y trasladar equipamientos y viviendas de zonas de mayor riesgo a lugares seguros.

Actualmente, alrededor de 2,7 millones de personas del Estado español vivimos en zonas de alto riesgo de inundación **3/** y, de acuerdo con el nuevo Plan de Gestión del riesgo de inundación del gobierno central, dentro de estas zonas inundables detectadas se encuentran 45 hospitales, 985 centros educativos, 358 residencias de gente mayor y 9 aeropuertos **4/**. El riesgo que señalan estos datos no debe paralizarnos, debe impulsar un replanteamiento de la ordenación territorial y hacerlo de forma consciente con los límites

2/ https://www.eldiario.es/comunitat-valenciana/valencia/suelo-agricola-pelotazo-urbanistico-benimamet-grado-proteccion-alto-plan-general-valencia_1_11727121.html

3/ https://elpais.com/expres/2024-11-02/casi-tres-millones-de-personas-en-espana-viven-en-zonas-en-alto-riesgo-de-inundacion-que-esta-fallando.html

4/ https://www.elcritic.cat/reportatges/la-catalunya-inundable-118779

físicos, las necesidades de reproducción cotidiana de la vida de las vecinas y los recursos existentes a día de hoy. Y esto implica una reflexión dura, pero importante: no podemos permitirnos reconstruir lo destruido en zonas inundables, no podemos permitirnos hacer de la economía del desastre un nuevo nicho de mercado del binomio del terror: construcción y finanzas.

La seguridad de equipamientos públicos, comunitarios y viviendas no puede depender de nuevas obras que actúen de defensas artificiales hacia lluvias torrenciales e inundaciones, y no es una cuestión de deseabilidad. Tal como recogía Ecologistas en Acción **5/**, en su comunicado, la construcción de nuevas barreras para el agua no es una solución ante desbordamientos: los agravan. Generan falsas sensaciones de seguridad, llevando a seguir ocupando espacios que pertenecen originalmente al curso del río y barrancos. Encajan el agua en menos espacio, aumentando la velocidad y la altura del agua, de forma que cuando se desborda las consecuencias son más graves debido a la intensidad; y no eliminan el riesgo, solo lo mueven de lugar, desplazando los impactos de una zona a otra. De aquí la importancia que ni un ladrillo más se coloque en zonas inundables, que ni una licencia más se apruebe y que de ellas no dependa la economía de nuestros territorios. Cómo construimos y donde, cómo hacemos las estructuras que nos permiten movernos, cómo nos relacionamos con la naturaleza y los activos ambientales (ríos, bosques, mares...) de los lugares donde habitamos son piezas clave para repensar el modelo de ocupación territorial teniendo presentes las incertidumbres de la crisis ecológica.

En este sentido, es importante hacer visible que los impactos de la DANA no solo se reducen a los municipios donde miles de voluntarias dedican tiempo y recursos para hacerlos habitables de nuevo: las tareas de limpieza también juegan un papel central para evitar afectaciones sobre la Albufera. Los estancamientos de aguas residuales, de productos contaminantes y la acumulación de residuos suponen un riesgo para la salud y seguridad de las personas y del ecosistema diverso que albergan los humedales. Hay que hablar sin generar dicotomías, porque las afectaciones potenciales a la Albufera pueden exponer a especies en peligro de extinción y modificar las funciones ecosociales de la zona. Y que se puedan producir alteraciones en las relaciones del metabolismo ecológico y ambiental del territorio no es una cuestión fútil: los humedales son imbornales capaces de capturar y almacenar el doble del carbono que los bosques, y su destrucción aumenta la vulnerabilidad de la región en relación al cambio climático. No nos podemos permitir que los intereses del binomio construcción-financies profundicen las consecuencias de la crisis ecológica, ni mucho menos que obstaculicen la cura, protección y recuperación ambiental de las zonas afectadas.

Ahora bien, para frenar el binomio destructivo es necesario dar un paso más allá: hasta el 2015, las zonas inundables del Estado español no fueron declaradas suelos no urbanizables; y, aun así, todavía hoy, observamos cómo se producen recalificaciones cuando

5/ https://www.ecologistasenaccion.org/326376/ecologistas-en-accion-ante-los-tragicos-efectos-de-la-dana-y-las-inundaciones-de-2024/

los intereses del binomio construcción y finanzas se encuentran en juego. Es por eso que no solo tenemos que dar una vuelta al modelo de ocupación del territorio, es necesario esgrimir responsabilidades por parte de aquellos que han promovido, ejecutado, facilitado y aprobado nuevas construcciones en zonas inundables y que todavía hoy defienden su interés por el bien de la economía, sin importarles nuestras vidas.

Además, desde coordenadas ecosocialistas, la respuesta a la emergencia provocada por la DANA en las zonas inundables debe pasar por una socialización urgente de viviendas en zonas no inundables: expropiando viviendas vacías y aquellas en manos de fondos buitre, y recuperando pisos turísticos y de temporada para uso residencial. Una respuesta que se debe combinar con el traslado de los equipamientos situados en la zona cero a zonas seguras y en condiciones dignas -contando con las vecinas y las redes comunitarias en el proceso de decidir el futuro de esto-, y con procesos de adaptación territorial **6/**, como la renaturalización de barrancos, la permeabilidad de calles y carreteras, la ampliación de alcorques en la ciudad, etc.

Negar la evidencia siega vidas, los recortes también

La agudización de las expresiones meteorológicas de la crisis ecológica combinadas con un modelo de ocupación territorial ciego hacia las zonas inundables enmarca el contexto climático y físico de los efectos de la DANA, pero no explican los motivos por los cuales semanas después de la catástrofe l'Horta Sur sigue colapsada. No explican por qué las alertas no se activaron desde un primer momento una vez la AEMET avisó de la llegada de la DANA a País Valencià, ni la descoordinación de los servicios de protección **7/** -que supusieron un retraso de la ayuda en un momento crítico-, ni la saturación de las centralitas telefónicas ante los desbordamientos. Tampoco explican por qué son las vecinas y las voluntarias quienes desde un primer momento ha tenido que responder a la emergencia, ni que sean ellas quienes se sitúan a primera línea organizando brigadas de limpieza y cuidando a las más afectadas, cubriendo las rendijas de gobiernos que no están presentes ni se han hecho cargo de atender las necesidades más urgentes. Los elementos que explican los silencios e inoperancias políticas de primer orden que se han producido antes, durante y después del paso de la DANA son las consecuencias de una apuesta política consciente de quien gobierna estos tiempos de crisis ecológica desde posiciones reaccionarias, conservadoras y liberalizadoras.

La falta de respuestas de la Generalitat Valenciana explícita las consecuencias materiales sobre nuestros cuerpos, vidas y territorios de una mirada que obvia la existencia del cambio climático, que la menosprecia y le resta importancia hasta que sus impactos desbordan la arena política y social. Son el resultado de negar la evidencia a ultranza hasta que los efectos llaman a la

6/ https://www.diarilaveu.cat/societat/dana-que-en-podem-aprendre-de-la-catastrofe-561891/

7/ https://www.cgtvalencia.org/bombers-forestals-de-la-generalitat-denuncien-que-no-van-ser-mobilitzats-durant-la-dana-per-la-descoordinacio/

puerta del despacho y se convierten en titulares. La estrategia del negacionismo climático es simple: desacreditar todo aquello que implique conflictuar con las lógicas de obtención de beneficios, rechazar todo aquello que implique priorizar el bien común sobre la libertad individual e invalidar todo aquello que desplace la propiedad privada del centro de la economía. La óptica reaccionaria y neoliberal que encarna impide actuar sobre los riesgos y amenazas reales, así como sobre las causas que las provocan, a fin de mantener el *statu quo* de los circuitos de producción y reproducción del capital.

El negacionismo siega vidas. La connivencia con el imperativo económico sitúa los intereses empresariales por delante de la salud y seguridad de las trabajadoras

El negacionismo siega vidas. La connivencia con el imperativo económico sitúa los intereses empresariales por delante de la salud y seguridad de las trabajadoras y agrava los impactos mortales de fenómenos como la DANA. Muchas de las personas muertas o desaparecidas no habrían estado en el lugar y en el momento inadecuado si no fuera por unas empresas que las obligaban a quedarse en sus centros de trabajo, si no fuera por el chantaje de tener que vender su fuerza de trabajo para vivir, a pesar del riesgo extremo que esto comportaba. Es importante recordar: la alarma de protección civil no sonó hasta las 20:15 h, después de que finalizara la jornada laboral de gran parte de la población; y dos horas después de que se produjeran los primeros desbordamientos, que provocaron el colapso de carreteras con centenares de coches que todavía hoy dificultan el acceso a algunas de las poblaciones más afectadas.

Mercadona, Ikea o Glovo fueron algunas de las empresas ampliamente conocidas que pusieron sus trabajadoras en riesgo extremo, pero la administración valenciana tampoco reaccionó mejor con las trabajadoras públicas no esenciales. La alerta roja que no sonó hizo que la vida siguiera en una aparente normalidad, primando el *business as usual* y esperando que las lluvias no acabaran como acabaron. Y tal como recoge la denuncia presentada por la CGT País Valencià **8/**, esta conducta supuso múltiples delitos contra los derechos de las trabajadoras y tienen que rendir cuentas.

No nos sirve pedir por favor a empresas y gobiernos que no pongan en riesgo nuestras vidas. No nos sirve solo actuar endureciendo las legislaciones en materia de riesgos laborales ni planes de emergencia ni protocolos de seguridad, que quedan en papel mojado si no existe un contrapoder sindical con capacidad de imponer su autoridad y confianza. Tenemos una tarea clara: para evitar que se repita este episodio sin precedentes, tenemos que avanzar también en la construcción de este poder sindical que deje claro que la clase trabajadora no volveremos a exponer nuestras vidas

8/ https://www.elsaltodiario.com/valencia/cgt-denuncia-carlos-mazon-multiples-delitos-derechos-trabajadores

para contentar la avaricia del capital. Sus fuentes de riqueza también somos sus límites, y no queremos aceptar el chantaje criminal de escoger entre la precariedad de ser despedidas o la muerte en medio de un temporal.

Ahora bien, la negligencia política no se para aquí. El grado de mortalidad del negacionismo climático en País Valencià no se tiene que leer solo en clave de los efectos que tiene el dominio del imperativo económico de las empresas, hay que ponerlo en relación con la adopción de miradas reaccionarias hacia la crisis ecológica del Partido Popular de la Comunitat Valenciana (PPCV) que han nutrido la desidia y las orientaciones austeritarias, haciendo de su práctica política recortar en servicios públicos esenciales y de respuesta a las emergencias.

Achicar lo público, externalizar y privatizar son respuestas neoliberales a las crisis que nos exponen a una mayor vulnerabilidad. Su aplicación significa recortes en el acceso a derechos básicos para el sostenimiento de la vida -como la salud, la educación, la alimentación, las curas, la vivienda...- e implican una mercantilización creciente de las estructuras de bienestar común, que bajo coordenadas negacionistas generan el marco ideal para desmantelar la Unidad Valenciana de Emergencias y suprimir la Agencia Valenciana de Cambio Climático al poco de llegar al gobierno. Dos organismos fundamentales en tiempos de emergencia climática que podrían haber jugado un papel clave en el liderazgo de políticas de prevención, adaptación y mitigación en el territorio -si se los hubiera dotado de presupuesto y competencias necesarias-, y para diseñar respuestas que hubieran permitido echar el freno de emergencia y que, con el paso de las DANA, nos encontráramos menos expuestas, menos vulnerables en sus efectos. Por lo tanto, las responsabilidades políticas -y quizás tendríamos que decir también penales- de este desastre no empiezan el 28 de octubre: empiezan en el momento que se desarticulan los espacios diseñados para afrontar los retos de la crisis ecológica y se alardea de ello orgullosamente.

No podemos permitirnos denominar error a la serie de decisiones conscientes que han conducido a la muerte de centenares de personas, y que hacen negocio de la barbarie climática

Hacer del conflicto de clases política ecosocialista

Mientras en las calles de Paiporta, Chiva, Catarroja, Massanassa, Algemesí y de tantas otras poblaciones afectadas por la DANA se hace el luto de la catástrofe limpiando, cuidando y ayudante allá donde no llegan los servicios de emergencias, necesitamos que el dolor y la rabia que se acumula se canalice en el conflicto. Que tome forma, como el pasado 9 de noviembre, en movilización y organización de un pueblo que no se conforma con la pena ni calla ante vidas, tiempos, casas y territorios trinchados y arrebatados.

6. AQUÍ Y AHORA

No podemos permitirnos denominar error a la serie de decisiones conscientes que han conducido a la muerte de centenares de personas, y que hacen negocio de la barbarie climática. No nos podemos permitir que el desastre silencie y despolitice el conflicto de clases que se sitúa en la raíz de las afectaciones que hoy País Valencià sufre. Porque a medida que pasan los días y las semanas, las voces reaccionarias y de extrema derecha lo impregnan todo a golpe de *fake news* y discursos de odio, y de un racismo desencarnado. Se abren cada vez más las puertas a un nacionalismo del desastre que, cada vez más, crea trabas a entender la DANA y sus impactos como resultado de decisiones políticas que nos han llevado a un escenario de crisis ecológica, y hacen más verosímiles las conspiraciones **9/** ante un desastre tan grande y tan destructivo. Tal como señala Richard Seymour **10/**, desde estas coordenadas el desastre ecológico es transformado en un desastre creado por la malicia humana y se convierte la crisis climática en un terreno fértil desde donde alimentar el odio, normalizar prácticas esquadristas y abanderar populismos punitivos patrióticos que mueven el centro del debate hacia el estigma y la criminalización de la población migrante.

Ante este escenario, ¿qué herramientas tenemos nosotras para frenar la máquina de monstruos y articular respuestas que rompan con la idea reaccionaria de que solo dentro de los márgenes del capital podemos sobrevivir a las turbulencias de la crisis ecológica? Conscientes de la magnitud del reto que se destila de estas preguntas, para nosotras, una pieza clave para dibujar la respuesta es la articulación de un bloque ecosocialista popular que aglutine diferentes sectores de la población -desde las vecinas en primera línea del desastre en las redes de apoyo mutuo, espacios estables de trabajo sindical, ecologista, feminista, LGBTIQA+, antirracista y de lucha por la vivienda, y organizaciones políticas de la izquierda radical- y sea capaz de plantear una alternativa a las políticas reaccionarias y negacionistas que nos gobiernan. Un espacio de encuentro que rompa con la fragmentación de luchas y supere la sectorialidad alrededor de la lucha contra el cambio climático, que conecte las diferentes aristas de la crisis ecológica del capital, y que desde sus prácticas diversas vaya configurando un modelo de gestión universal y colectiva por una vida digna, de acuerdo con los límites y recursos naturales disponibles que disponemos.

Las redes vecinales y los espacios comunitarios que estos días son el centro de la respuesta a los impactos de la DANA, y las expresiones de solidaridad popular con las afectadas que recorren estas semanas pueblos y barrios de País Valencià y de todo el Estado español, son y deben ser punta de lanza para la construcción de este bloque ecosocialista popular. Es desde estos espacios, desde estos lugares comunes, dónde de entre el barro emergen las bases del horizonte ecosocialista y de clases por el que luchamos.
12/11/2024

Joana Bregolat, activista ecofeminista y militante de Anticapitalistes.

9/ https://www.elsaltodiario.com/opinion/extrema-derecha-inunda-redes-bulos

10/ https://vientosur.info/richard-seymour-no-puedes-pegarle-un-tiro-al-cambio-climatico/

La disección de las horas

Jessica Belda

■ El "manifiesto poético contra el trabajo" que supone el segundo y excelente poemario de Jessica Belda, *La disección de las horas* (Ya lo dijo Casimiro Parker, 2024), está estructurado en franjas horarias, con lo que pasar las páginas supone avanzar por el feroz desarrollo del día a día. Se yuxtaponen diversas composiciones textuales en cada una de ellas, con una gran diversidad de registros, con lo que se aumenta las sensaciones de *collage* y de panorámica. En efecto, Belda no está hablando de una situación concreta, que pudiera interpretarse como excepcional, sino de un conjunto hábilmente equilibrado en lo indeterminado que nos permite comprender que se trata de una problemática sistémica.

La alienación, la deshumanización, la obediencia, la apatía y la frustración irrumpen en sus poemas con un lenguaje violento y cuerpos dañados, a través de imágenes descoyuntadas o delirantes, aspereza léxica y un ajustado distanciamiento. El discurso se fragmenta igual que lo hacen sus personajes y los escenarios, y se acrecientan la hostilidad y la desolación del entorno. Así, la autora denuncia la necesidad de la venta de la fuerza de trabajo para subsistir y las dinámicas que motiva la ciudad y que agravan el cansancio, el hastío y la despersonalización. Los textos no esconden la ira, el choque entre la rabia y la docilidad, cierta ironía en ocasiones, pero, sobre todo, dolor, mucho dolor. El dolor de quien tiene y asume su vida atrapada y castigada por el esfuerzo del ritmo laboral y solo puede rumiar sus consecuencias. Aparecen ventanas por donde se invita a la huida, a la respiración, con la naturaleza en el horizonte, pero están igualmente constreñidas en ese marco mecánico de claudicaciones. Así, la ruptura formal, sin que se provoque una fractura en la recepción del texto, acompaña la plasmación de esa ruptura física y existencial que conlleva el trabajo asalariado y el doméstico. Ahí el gran acierto de Belda: recoger una experiencia penosa y angustiosa con una inquietud formal que nos sacude.

Alberto García-Teresa

6:45
DESPERTADOR

La utilidad de los animales domesticados y la de los esclavos son poco más o menos del mismo género. Unos y otros nos ayudan con el auxilio de sus fuerzas corporales a satisfacer las necesidades de nuestra existencia.
(Aristóteles)

(Suena el metal de una tenaza contra las casas hacinadas.
Escupe a la noche. Bombean los despertadores el
óxido de la sangre antes del sacrificio conveniente.
«Equilibristas entre la vida y la economía», dicen).

Malabaristas en Metro Madrid,
porque respirar no es suficiente,
invertimos nuestro aliento
en servicio
          necesario.
Inmolados,
a precio de mercado,
                    en el extrarradio de los mínimos.
Con el hambre sobre los hombros,
nuestros dedos zurcen
          bolsillos insaciables.

Es vuestra libertad
el eco
de estómagos vacíos,
de gargantas   rajadas
en ofrenda de sangre a la tierra.

Entre las uñas,
          enredadas,
traemos promesas de crecimiento.
Optimizadores de nuestro tiempo,
Freelancers exclusivos,
abono de engorde porcino
               para la caldera famélica que nos alimenta.

«Nuestro modo de vida».
Sur de Madrid.
          Proactivos entre concertinas
para pobres.
          Medidas según cartera.

Es el Ibex 35 devorando a sus hijos.
Alimentemos con nuestra carne
el pan nuestro de cada día.
La desposesión originaria que nos condena.
Privatización de la sanidad.
Escuelas usurpadas.
Anorexia de recursos maquillados de protocolos.
Pero ejército.
Pero hostias.
Pero fuerzas de seguridad,
para los de siempre.

–¿Y a quién le importan los viejos?
–¿Experiencia en residencias? Desfibriladores
y Telepizza, ¿en qué puedo ayudarle?

¿Cuántos cadáveres sosteniendo a pulmón descubierto el humo de la pira?

Fauces abiertas.
Hambre.
Plan de contingencia urgente.
Menudeo de
libertad,

es la palabra hecha cadena.

•

Por la ventana de la disección de las horas, se ve una isla azul. Un árbol ha quedado fotografiado, por él se enfilan cada mañana relojes enmarcados en colores sepia y las chicharras cuentan historias bajo el olivo. Hablan de las pieles rasgadas de nuestros días, de barcos remando tierra adentro, de lugares sagrados, mitos y remos desterrados plantados en tierra antigua. Por la curvatura del marco, se oyen rumores de calles que han sido empedradas en parra, historias sobre las aguas calmas y respiraciones pausadas. Acostado, el libro sobre la toalla, dibuja ramas creciendo entre la arena blanca.

(Sábanas de olas y tiempo.
Esos son los ***sueños proscritos:***
cuando no había nada entre la piel y las ramas: horizonte,
ahora las horas y su disección).

7:30
TRAYECTOS

El trabajo fue siempre un principio antipolítico. Ser libre significa no estar sometido a la necesidad de la vida ni bajo el mando de alguien y no mandar sobre nadie.
(Hannah Arendt)

En los vagones,
siluetas estancadas,
pasos, huellas llenas de barro
entre trinos urbanos.

Hay lenguas rajadas
en paredes vacías.

En las sonrisas se dibujan
cigarros excusa
consumidos por la brasa
del aliento exhausto.

Las horas de la miseria
llenan cuadernos
de cuadraditos pequeños que
enmarcan **los días de los presos**.

Como si de un juego
de niños se tratara,
como si la alegría pudiera inundar
las rendijas de la vida de un reo:
agendas con colores vivos,
flores y dibujos infantiles
dictan la jornada laboral
de cuerdas sesgadas,
voces trémulas y
vocales desgajadas.

La lluvia parece entrar por los ojos
directa al torrente sanguíneo.
La desidia es cargada
a golpes de sangre y fuerza de trabajo,
es lluvia de lloro contenido
en tiempo productivo.

En esta pausa comienza a ser,
solo y sin embargo,
siempre.

Calma
en permanencia.
Brazos
en plata.
Despojo
de abrigo en rojo.

A cielo abierto,
suda el sol **consumibles rotos***.*
Memoria del cuerpo.

¿En qué lugar me habita
este paisaje?

Ya es hora de pensar
en rodillas,
hígado
y riñón.

Disculpad
la parcialidad de mis palabras:
el olor,
el calor
y la humedad
pertenecen solo
a la experiencia.

12:30
ZARPAS SIN ALIENTO

La prensa le preguntó: «Señora, disque a mina vai traer moita riqueza».
Y ella respondió: «Si, pero van a levar canta hai».
(Noemí Sabugal)

Un dolor del tórax a la garganta. Eso es lo que tengo. Sin metáforas. Incertidumbre en el quicio del estómago. Un velo negro de luto en otra vida. Palabras que resbalan rutinas y, parado, un soplo de tiempo.
Noches alineadas.
Bloques de hormigón.

Zarpas sin aliento.
¿Cuánta gente sigue soñando sin pecho?

—

Arrojados.
Sin nombrarnos en
fonemas tibios.

No nos reconoceremos
en calas
            de arena fina.

Quizás reventemos
            antes de volcarnos.

Quizás seamos
cantos
            rodados
                        desposeídos de.

Quizás,
con un azote,
con **inerme risa dura**,
juntemos
            los   labios,
tapemos
            los oídos.

Nos revolquemos
enzarzados,
masticando en rabia.

No estetizaremos
(eso, para la poesía.
La verdad,
            otra cosa).

El marxismo y la opresión de las mujeres
Lise Vogel
Bellaterra, 2024
351 pp. 22 €
Julia Cámara

■ En 1983, la estadounidense Lise Vogel publicó un libro que, pese a su importancia, tuvo una repercusión limitada: ni el clima dentro de las izquierdas (cada vez más alejadas del marxismo) ni los intereses del movimiento feminista (que carecía de una dimensión masiva y había abandonado ya los debates de la década previa) facilitaron su difusión. *El marxismo y la opresión de las mujeres* fue, sin embargo, leído y discutido con interés por quienes, parafraseando a Juliet Michell, plantean preguntas feministas y buscan respuestas marxistas. Han hecho falta cuatro décadas para disponer de una edición en castellano. La noticia de su traducción fue motivo de celebración para muchas de nosotras.

Esta obra resulta importante hoy en un triple sentido. En primer lugar, disecciona algunos de los debates teóricos centrales del feminismo de la segunda ola, en particular los relacionados con el trabajo doméstico, y muestra las limitaciones de las distintas posturas existentes (algunas de las cuales están siendo recuperadas de manera acrítica en los últimos años). En segundo lugar, realiza una genealogía de las formas en que la tradición socialista ha tratado de explicar la opresión de género, subrayando las virtudes de algunos autores al tiempo que sus enormes contradicciones. Si bien no se trata de un examen completo (destaca la ausencia de Kollontai en la lista), Vogel presenta un mapa bastante sólido de las inconsistencias y presupuestos sobre los que descansa la política feminista de las izquierdas.

El tercer motivo es el central. Vogel logra, al modo que el mejor marxismo ha hecho siempre, eso en lo que tanto insiste Marx en *El Capital*: despejar la niebla de la apariencia de las cosas para estudiar las relaciones y procesos sociales más allá de su superficie, como son en realidad. La autora plantea la necesidad de un "desplazamiento teórico" para comprender que el origen de la opresión de las mujeres en el capitalismo se encuentra en su posición social específica en el plexo de las relaciones de producción y reproducción. No como punto de intersección de dos sistemas (capitalismo y patriarcado), sino como posición específica dentro de un *sistema unitario*. Lúcida, rigurosa y provocadora, la obra de Vogel se considera el nacimiento del denominado marxismo de la reproducción social.

El prólogo a la segunda edición (2013), firmado por Susan Ferguson y David McNally, e incluido en esta edición, constituye una brillante síntesis de las principales propuestas de la Teoría de la Reproducción Social desde entonces, y da constancia de hasta qué punto la obra de Vogel supuso un antes y un después en nuestra comprensión global del capitalismo y de la posición específica que en él ocupamos las mujeres.

La reificación del deseo.
Hacia un marxismo queer
Kevin Floyd
309 pp. 25 €
Kaótica, 2023
Irene León Tribaldos

■ "Esta crítica anti-heteronormativa del capital, por tanto, debe entenderse, cuando menos, en relación con dos horizontes potencialmente contradictorios, a saber: el impacto de la vida social *queer* en los regímenes contemporáneos de acumulación del capital, y el constante señalamiento de los puntos ciegos del marxismo que conformaron al pensamiento *queer* desde sus inicios". Con este osado objetivo comienza Kevin Floyd su titánico camino para tratar de reunir lo que ha supuesto uno de los mayores cismas para el pensamiento contemporáneo: la divergencia entre el marxismo y la teoría *queer*. En un momento donde el capital ha tomado cetro y corona y las estructuras sociales danzan en torno a la reificación de (todo) lo material, Floyd sienta a la mesa a Lukács, Foucault, Butler y Marcuse para servirles la dialéctica histórica marxista bajo un escrutinio *queer*. Pero que los más ortodoxos no se lleven las manos a la cabeza y se ajusten el monóculo todavía, porque el gesto de Floyd comienza por una observación clave en la era posfordista: los mecanismos que estructuran la realidad social parten de una lógica de la dominación articulada a través de múltiples ejes de opresión. Por supuesto, aquí surge la eterna cuestión que sigue enzarzando en crudísimas batallas (sólo retóricas) a tantos académicos: ¿qué fue primero, el huevo (el capital) o la gallina (el género)?

La reificación del deseo consigue establecer y fundamentar paso a paso la respuesta que el marxismo *queer* dará a este respecto: "Criticar conceptos marxianos como el de reificación desde una mirada *queer* históricamente situada es criticarlos al interior de la historia de cierto tipo de formación concreta de las propias relaciones sociales capitalistas". Así, este estudio no trata de poner a competir dos mecanismos de dominación (lo cual es un gesto que parte en sí mismo de la lógica capitalista), sino que se enfrenta a ellos desde su intersección, entendiendo que no podremos desarticular estos regímenes si no rebasamos su fragmentación (que no es sino un reflejo de la propia raíz del capitalismo).

De este modo, obtenemos claves para esta problemática cifradas desde ambas vertientes, y se vuelve importante tanto que la concreción de "una norma hegemónica de género también significa situarla social e históricamente" como que la contribución indiscutible de la noción butleriana de performatividad de género puede acercar a un pensamiento rigurosamente marxiano a las intersecciones entre el género y el capital. Y, de hecho, Floyd responde contundentemente: "al proveer las herramientas para una explicación crítica de la mediación, de la unidad y de la diferenciación internas del capital, también se proveen herramientas para situar la normalización sexual, la crítica *queer* y la historia de la praxis que esta presupone al interior de procesos sociales más generales implicados en el capital".

Nuestra historia es el futuro. La lucha siux contra el oleoducto Dakota Access y la larga tradición de resistencia indígena
Nick Estés
308 pp. 21 €
Katakrak, 2023
Pablo Vázquez Viejo

■ Este trabajo explora, en palabras de su autor, "el movimiento para proteger el río Misuri bajo el lema *mni wiconi* ('el agua es vida')". Las relaciones históricas entre ese río (Mni Sose), los oceti sakowin (siux) y EE UU como potencia de ocupación. Una historia, eso sí, interpretada según la concepción indígena, para la cual no existe separación entre pasado y presente. Todo conforma una realidad única en la que ancestros, profecías y *naturaleza* conviven e interactúan de un modo difícil de desentrañar para quien no conozca bien esa cultura o no cuente con una guía adecuada para hacerlo.

Este libro lo es, y pese a que no resulta posible abarcar en 400 palabras la cantidad de temas que trata, desde las primeras acciones de resistencia al colonizador europeo, iniciadas hace siglos, hasta luchas actuales, como la que se mantiene en nuestros días contra la instalación del Dakota Access Pipe Line, un monstruoso oleoducto que atraviesa llenando de ponzoña sus territorios sagrados (y demasiadas veces sangrados también), su lectura es de lo más reveladora. No sólo descubre un sinfín de masacres que la historiografía oficial estadounidense trató de silenciar o enmascarar, sino que lo hace alejándose incluso del enfoque tradicional de esa historiografía y mostrándonos que aquellas naciones diezmadas tenían y aún tienen para transmitir su propio relato de los hechos.

Como la leyenda de Zuzeca Sapa, por ejemplo, una descomunal serpiente negra que ocupa la tierra y pone en grave peligro toda clase de vida. La analogía con un oleoducto que esparce sus porquerías sin porqué es inmediata, indiscutible, y esa superposición del pasado y el presente, de la visión chamánica y la verdad fehaciente, se vuelve de pronto tan clara que con todas las objeciones metodológicas que se quieran poner al procedimiento como mínimo, da qué pensar. ¿Hasta qué punto son timos ciertos mitos? ¿No será que en ocasiones contienen una carga de sabiduría difícil de probar, pero cuya esencia podemos percibir en sucesos ya constatados, igual que el esquivo aroma de la madera en el vino? Recientes investigaciones científicas parecen apuntar a que sí, a que algunos conocimientos sistemáticamente despreciados como tales contienen un fundamento demostrable y sorprendente en muchos casos. Por supuesto esta no es una ecuación terminada. El misterio y el desafío intelectual siguen ahí, afortunadamente, y esta obra es una de esas ventanas a través de las cuales hasta el lector más distante podrá observar horizontes mentales distintos.

Vivir una vida feminista
Sara Ahmed
362 pp. 22 €
Bellaterra, 2024
Begoña Zabala

■ Si bien se dice que este es un texto clásico del pensamiento feminista contemporáneo, está escrito originalmente en 2017, aunque se retoman y se perfilan temas ya iniciados en publicaciones anteriores como *La promesa de la felicidad: Una crítica cultural al imperativo de la alegría*, *Sujetos obstinados*, y *Fenomenología queer: orientaciones, objetos, otros.*

La excusa para su publicación, según cuenta la autora, es su experiencia, personal y colectiva, después de dejar la dirección del Centro de Investigaciones Feministas Goldsmiths, en la Universidad de Londres, en el año 2016, en protesta por los problemas que tuvieron algunas estudiantes para denunciar múltiples situaciones de acoso sexual. Ella trabajaba entonces una línea de diversidad e integración especialmente con mujeres racializadas. Además de este tema que recoge de forma espléndida en la segunda parte del volumen, donde pone patas arriba el pretendido interés de la universidad por realizar un trabajo profundo en el campo de la diversidad, la idea que recorre todo su discurso, si la queremos reducir a una sola, sería la de traer el feminismo a casa. La de teorizar desde el aprendizaje de ser feminista y de estar en el feminismo.

A lo largo de la obra, acuña conceptos interesantes y novedosos retomados de su propia experiencia feminista, tanto familiar como en el trabajo, que producen un atractivo especial por ser muy comunes y extensibles a vivencias de otros espacios y geografías. Es obvio decirlo, pero su campo de experimentación, intervención y teorización es el mundo de las mujeres no blancas, racializadas, como ella misma, que es hija de pareja mixta anglo-pakistaní. Así la idea de la *feminista aguafiestas* y de los sujetos voluntariosos, obstinados o tercas, enraíza con palabras despectivas que a menudo son utilizadas contra las feministas que denuncian, que se quejan, que critican, que no están conformes y no son normativas. Ella, en una clásica actitud del mundo *queer*, las resuelve a su favor y las reivindica, reconociéndose ella misma en ese papel en todos los ámbitos de su vida, especialmente en el espacio de la casa, en el familiar, y en el trabajo, como queda demostrado por su trabajo en la Universidad y su reacción de protesta y dimisión.

Por último y de forma muy coherente con sus planteamientos, en relación a las citas y bibliografía, sus referentes son, esencialmente, feministas de color: Lorde, Butler, Walker, Rich, Anzaldúa, bell hooks,... Y la exclusión de las citas también la deja clara: “He tomado la decisión de no citar ninguna obra de las (autodenominadas) feministas radicales, que escriben contra fenómenos que describen como ‘transexualidad’ (...) porque este trabajo me parece tan violento y reductor que no he tenido ningún deseo de incluirlo en el corpus de mi texto”.

La conciencia de la tierra
Élisée Reclus
160 pp. 15,50 €
Catarata, 2024
José Luis Carretero Miramar

■ Este volumen, que incorpora un riquísimo estudio introductorio de José Carlos Lechado, encargado también de la edición, nos retrotrae a los tiempos del optimismo revolucionario, de la fe en la marcha ascendente de la Humanidad, del inquebrantable compromiso con la cultura y la ciencia como herramientas emancipadoras en manos del género humano. Se trata de una variada recopilación de textos breves de Élisée Reclus, uno de los grandes nombres fundadores del anarquismo en el siglo XIX.

Reclus, geógrafo internacionalmente reconocido, militó en la Internacional y participó en la Comuna de Paris en 1871. Estrechamente relacionado con Bakunin y Kropotkin (a los que conoció en su exilio militante en la Federación del Jura), Reclus nos muestra en sus textos la nutritiva relación originaria entre el socialismo y la reivindicación del gozo de la vida, henchido hasta la plenitud por la experiencia del contacto con la naturaleza.

El autor parte de que “siempre es a través de la solidaridad, a través de la asociación de fuerzas espontáneamente coordinadas, como se logra todo progreso”. Utilizando la dialéctica serial proudhoniana, nos presenta una propuesta educativa firmemente libertaria y una didáctica exposición de las bases fundantes del ecologismo socialista.

El amor a la naturaleza, la fe en las mejores cualidades del ser humano, la acendrada sensibilidad de un geógrafo que se compromete con las luchas de la clase obrera, una filosofía personal de combate contra la injusticia y de tolerancia hacia las ideas disímiles. Todo eso subyace a los textos breves, pero directos y muy pedagógicos, que incorpora este pequeño libro.

Reclus, hijo de su tiempo en la expresividad de género de sus textos, pero firme partidario de la emancipación de la mujer, nos recuerda que en la humanidad “nace la voluntad creadora que construye y reconstruye el mundo”. Nos dice que, cuando el ser humano “está firmemente seguro de los principios según los cuales dirige sus actos, la vida se le hace fácil, conociendo plenamente lo que le es debido, reconoce por esto mismo lo que se le debe a su prójimo, y como consecuencia rechaza las funciones usurpadas por el legislador, el gendarme y el verdugo”.

Este libro es como una fresca brisa con ecos de alegría revolucionaria. Un testigo y exponente de los *tiempos de las cerezas* y del optimismo vitalista de los fundadores del movimiento obrero. Merece la pena recuperar a Reclus cuando todo parece derrumbarse, cuando los fríos de un invierno demasiado largo congelan nuestro deseo de futuro, porque él ya nos dijo que la revolución acaba reapareciendo siempre, aunque no se le vea venir. Su trabajo es muchas veces callado, en ocasiones invisible, pero siempre tozudamente creativo.

Odio la resiliencia.
Contra la mística del aguante
Diego Fusaro
164 pp. 18 €
El Viejo Topo, 2024
Antonio García

■ El italiano Diego Fusaro es una figura polémica y, para mucha gente, incómoda. Para otros sectores, una referencia actual clave que recupera lo mejor de la tradición marxista, crítica, insobornable, lúcida. Su último libro es un trabajo sensato, necesario y solvente. Acompañado, como siempre, por Gramsci, Lukács, y Hegel, a los que, en esta ocasión, se suma Fichte, Fusaro monta un convincente panfleto, tal vez reiterativo a veces, que documenta y confirma algo que parecía ya claramente anunciado por la tenaz, recurrente y obsesiva propaganda del poder neoliberal. Olvídese de la política, de la revolución o la transformación social. Sea resiliente, asuma con entereza las desdichas de su pobre condición proletaria y transforme su miseria en optimista superación personal. Y si lo necesita, no lo dude, acuda a un preparador personal o a un psiquiatra: le hará mucho bien. El triunfo de la resiliencia es el penúltimo clavo en el ataúd del proletariado. Y no habla Fusaro, como es lógico, de esa resiliencia que nos permite afrontar hechos terribles de nuestra vida íntima, dramas familiares, pérdidas, lutos o tragedias. Habla de la ideología resiliente, de la andanada política y cultural que ha llevado un concepto científico, asociado a la resistencia de los materiales, a un lugar común que está siendo utilizado para desactivar los últimos vestigios de legítima indignación y necesaria rebeldía que aún sobrevivían en nuestras sociedades de falsa abundancia, despilfarro demencial e íntima infelicidad.

Nunca como ahora se había solicitado al explotado, al desposeído, al precario, su participación, no ya resignada, sino entusiasta, apologética, en su propia extorsión. Y, gracias al imperio incuestionable y total de la actual sociedad del espectáculo, esa petición está siendo atendida con afiligranada sumisión. Siervos voluntarios, esclavos agradecidos, cómplices de nuestra explotación, nos queremos estoicos sin comprender el estoicismo, huimos de nosotros mismos con la excusa de buscarnos, abandonamos la sociedad para seguir estando solos y nos refugiamos en el vacío siguiendo las instrucciones de un *influencer*. Resilientes, como nos piden los poderosos. Es la culminación de la condición posmoderna, superada ya la concepción hegeliano-marxista de la historia como despliegue dialéctico de la universalización de la libertad y la autoconciencia humana. Ahora el sujeto vive satisfecho, como escribe Fusaro, en una sociedad insatisfecha, y el individuo se considera solo decisivo en las prácticas de consumo. Persiste la explotación pero se pulveriza la lucha contra ella; aumenta la desigualdad clasista y se extingue la lucha por superarla de quien la padece. Y con ella la idea de un futuro colectivo mejor. ¿Para qué? Ya somos resilientes...